마음의 등대

김태연 시집

문학공원 시선 84

마음의 등대

김태연 시집

문학공원

자서

뒤늦게 시작한 글쓰기로
흘러가는 세월 읽지 못하는 늦깎이
마음은 아직 새파랗게 젊은데
서쪽으로 향하는 해를 따라 달리는 몸
진솔하게 쓰라던 배움대로
『징검다리』라는 수필집을 묶은 뒤
지난해 봄, 멋모르고
『봇물 터지듯』이란 시집을 세상에 선보였다
다시 칠순이란 이름으로 허술하게 묶은 두 번째 시집
『마음의 등대』를 조심스레 도마 위에 올린다
꺾고, 뒤집고, 비틀고,
비유, 은유, 묘사, 성찰, 관찰, 상상, 심상법 등
어느 것 한 가지 제대로 표현하지 못한다 해도
죽을 때까지 배우며 살아가겠노라는 의지 하나로
세상에 굴하지 않으리라 굳게굳게 다짐하며
시집을 묶을 수 있도록 이끌어 주신 김순진 지도교수님께
감사하는 마음으로 떨리는 가슴안고 조심스레 졸필을 올린다

2013년 겨울

김 태 연 드림

<서문>

어머니와 여성, 그리고 인간 김태연을 세우다

김순진(문학평론가 · 고려대 평생교육원 강사)

김태연 선생님과 만난지는 그리 오래되지 않았다. 그러나 최근 몇 년 동안 김태연 선생님을 어머니처럼 큰누님처럼 의지하며 살았다. 내가 하는 일이라면 무엇이든 참석하시고 솔선수범해 주신다. 행사며 동인지며 시낭송회며 시화전이며 빠지는 일이 없으시다. 게다가 아버지까지 여동생까지 챙겨주시니 한 가족 같다. 언제나 챙겨주시고 헤아려주신다.

그 고마움을 표현하자니 내가 어릴 적 큰 홍수를 만나 우리 논이 모두 떠내려갔을 가까운 친척이 좁쌀 서 말을 주어서 석 달을 살았다고 아버지께서 말씀하셨는데, 김태연 시인께서 좁쌀 서 말을 보내오신 분 같이 고마운 분이란 생각이 든다. 김태연 시인께게 내 마음의 긍휼을 아시고 좁쌀을 서 말 보내오시니 나는 김태연 시인 댁에 땔나무를 몇 짐 해다 드리고 싶다. 겨우내 뜨끈한 방에서 지내시라고 군불을 때드리고 싶다. 선생님을 뵈면 뭐랄까? 땅을 툭툭 쪼개며 밑이 차 올라오는 고구마밭을 보는 것처럼 뿌듯하다. 갱엿 두어 덩어리 숨겨둔 벽장을 가진 느낌이다. 마당 가득 달빛을 들여놓고 친구들과 숨바꼭질을 하던 나에게 '그만

놀고 들어와 밥 먹으라' 부르는 어머니처럼 느껴진다.

김태연 선생님께 그런 사랑을 받으니 나도 뭔가는 해드려야 할 것 같다. 그래서 지금 김태연 선생님께 가장 필요한 것이 무엇인가 생각해본다. 물론 돈도 필요하실 것 같고, 외로움과 노여움을 더욱 타실 연세이니 부모처럼 모시고 대하는 자식된 사랑도 필요할 것 같다. 그러나 김태연 시인께서 가장 필요로 느끼시는 걸 나는 안다. 그것은 정신력에 관한 문제다. 영혼에 관한 문제다. 다른 사람은 정신세계가 그리 중요하지 않을 수 있지만 김태연 시인께 있어 영혼에 관한 부분이 무너지게 되면 모래성이 될 수 있다. 그래서 나는 김태연 시인께서 쓰고 계신 시와 수필에 대하여 응원의 박수를 보내드리고 적극 찬성한다. 송구스럽지만 '이 시는 어떻고 저 수필은 어떻다' 바른 소리를 해드린다.

문학은 용기에서 비롯된다. 삶이 어려울 때 많은 사람들은 노동과 절약이라는 임시방편을 강구하지만 나는 가장 어려움에 처했을 때 본격적으로 문학에 뛰어들었다. 인문학은 먹고 사는 데 큰 도움이 되지 않지만, 자신을 추스르는데, 가문을 일으키는데, 그리고 영원히 사는데 유용하다. 아마도 김태연 시인께서 늦게 시작해 이처럼 왕성하게 창작을 하고, 시집과 수필집, 그리고 또 시집을 내시는 것은 어머니로서의 김태연과 여성으로서의 김태연, 그리고 인간 김태연, 이 세 사람을 모두 세우시려 함일 것이다.

김태연 시인께서 고려대 평생교육원 시창작과정에 등록하셔서 필자에게 시를 배우신 지 몇 학기가 지났다. 이젠 정말 다양한 것에 관심을 보이시며 다양한 글을 써내신다. 수필을 쓰시던 분이라 그런지 잘도 말을 지어 내신다. 나는 어떻게 쓸 것인가를 묻는 사람들에게 무조건 쓰라고 말씀해드린다. 누가 알아줘도 쓰고 몰라줘도 쓰고 비아냥대도 쓰고 관심이 없어 해도 쓰라고 이른다. 그러다보면 좋은 글을 쓸 수 있는 실력이 쌓이기 때문이다. 그처럼 김태연 시인은 무조건 쓰신다. 그렇기 때문에 실력이 일취월장하는 것이다.

시는 짓는 것이 아니다. 받아쓰기다. 처음 시를 쓰는 사람들은 시를 짓느라 골머리를 앓지만 중견시인들은 우리들의 일상생활에서 일어나는 여러 가지 현상들을 그때그때 받아쓴다. 철수세미로 파란 청바지가 하얗게 탈색되도록 밀어대는 아이의 뒷모습을 받아쓸 때 젊음은 어울리는 것이란 성찰이 나온다. 그런데 김태연 시인의 시를 읽노라면 받아쓰기 우등생이란 생각이 든다. 김태연 시인은 세상 모든 일들을 시와 연관 짓는 것 같다. 그의 생각은 비가 와도 시, 눈이 와도 시, 자도 시, 깨어도 시, 슬퍼도 시, 기뻐도 시, 시시때때로 시를 생각한다. 그러니 새똥이 떨어지는 것만 봐도, 버려진 꽁초만 봐도 시를 써낼 수 있는 것이다.

시집을 내겠다고 보내오신 2백여 편의 작품을 읽었다. 지난 2012년 겨울에 첫 시집을 출판하셨는데, 1년만에 그렇게 많은 작품을 보내시다니? 정말 깜짝 놀랐다. 그의 관심사는 다양했다. 개인에 관한 신변잡기는 물론, 나라의 살림살이 걱정, 도로사정, 동식물의 생사, 추억과 고향, 상상력에 이르기까지 다양한 관심을 보인다. 자서에서 말씀하셨듯이 꺾고, 뒤집고, 비틀기에 여념이 없다. 비유, 은유, 묘사, 성찰, 관찰, 상상, 심상법 등 어느 것 하나 놓치려 하지 않는다.

그러한 창작방법보다 중요한 것이 있다. 시를 좋아하고 사랑하는 것이다. 그래서 내 방 가득 시꽃을 꽂는 것이다. 시 요를 깔고 시 이불을 덮고 시 베개를 베는 일이다. 시를 밥먹듯 먹고 사는 일이다. 그런 사람한테는 누구든 당해낼 재간이 없다. 김태연 시인이 그런 시인이다. 시는 그림, 조각, 음악처럼 돈이 들지 않아서 좋다. 악기를 어깨에 짊어지고 다니거나 전시공간이 있어야 하는 것이 아니라서 좋다. 내가 그린 그림은 팔리면 다시 볼 수 없지만 시는 좋으면 수백 수천 장 인쇄해서 나눠줘도 되는 것이라 더욱 좋다. 노래에도 어울리고 그림에도 어울려서 좋다.

김태연 시인께서 고희를 맞으셨단다. 재작년에는 무릎 관절이 좋지 않아 수술을 하시고, 작년에는 교통사고를 당하셔서 오랫동안 입원치료를 받으신 바 있다. 게다가 늦게 시작한 사업에 진척이 보이지 않는다. 칠순이란 나이가 거저 되는 것은 아닌 듯싶다. 그런 우환의 과정에서도 시업을 놓지 않은 용기가 대단하시다. 시 때문에 사신다고 해도 과언이 아닐 것 같다. 흔한 말로 아홉수를 넘기셨으니 삼재수도 지나가셨을 테고, 이제 고희연을 치르시고 나면 행복만 밀려올 것 같다. 이 시집을 통해 김태연 시인께서 행복해지시길 기도한다. 고희를 진심으로 축하드린다.

차 례

1부. 새똥 한 점

2부. 산뜻한 동행

3부. 시행착오

4부. 뒷동산엔 지금

5부. 보이지 않는 구속

1부

새똥 한 점

칠판

걸신들린 듯 매시마다 꾸역꾸역
게걸스럽게 먹고는 능청스럽게 시치미를 뗀다
매끼 성분이 다른 영양식 욕심껏 챙겨 먹고
굶은 척 입 닦고 색다른 남의 음식을 넘본다
부실한 치아로 분말음식만 즐겨 찾는 그는
어지간한 지성인들 앞에선 한 치의 양보를 모른다
궁중음식보다 더 귀한 고농축 엑기스만 뽑아먹고도
양이 차지 않는 듯 욕심부리는 파렴치한이다
최고의 손길로 제조한 특식만 고집하는 삶속에
손 꼽을만한 전문 강사의 특식만을 고집한다
그가 최고의 미식가임을 자처하는 명장으로
학계를 주름잡는 주인공으로 우뚝 서 있다

폭주족

달랑 굴렁쇠 두 개 믿고 빵빵거리며 달린다
몸 날아갈 것 같은 광란의 질주를 한다
부끄러운 줄 모르고 줄방귀를 뀌어대는 녀석들
하나 둘 끼어드는가 싶더니
달릴수록 숫자를 더해가며
날렵한 굴렁쇠가 아예 일개분대를 이루었다
번쩍거리는 차림의 별난 대장
힐끔힐끔 후방살피며 보내는 알 수 없는 신호음
그를 뒤따르는 행렬엔 가속도가 붙는다
망아지처럼 날뛰며 비틀거리는 추남들
밤낮없이 뿜어대는 독가스로 질식할 것 같은 도심은
마구 눌러대는 클랙슨 소리로 고막이 터질 것만 같다
혀 끌끌 차며 불안해하는 기사님들 외면한 채
뒤흔드는 굉음으로 잠 못 드는 밤이다
독버섯 닮은 흉악범 방귀 삼킨 과부틀에 앉아
도시를 깨우는 망나니들의 난동이다

미스터 프린터

그는 늘 하체로 먹고
상체로 싸는 특이체질이다
한번 과하게 먹은 백반을 야금야금
내가 원하는 만큼만 흑미 섞어 토해낸다
때로는 설익어 먹을 수도 버릴 수도 없는
난처한 상황의 별식으로 분류되기도 하지만
듬성듬성 섞인 흑미를 매주 음미하다보면
그리 흔치않은 특식으로 기쁨을 안겨주기도 한다
첫 눈발 날리는 오늘밤에도 요지부동
눈높이 맞춘 늦깎이 앞에 쭈그려 앉아
아래로 먹고 위로 싸기를 수 없이 반복 한다
그녀 행위 지켜보며
열일곱을 헤아리다 꾸벅거린다

어처구니

말없이 헛간 구석 지키던 맷돌이 들려 나오더니
케케묵은 때 닦는 종가댁 맏며느리 구슬땀을 흘린다
그들은 험한 산동네 떠나 종가에 온지 수십 년으로
집안 대대로 며느리 관심 끄는 금실 좋은 부부다
튼실한 아비 어미 짝지어 자리 잡는다 할지라도
그가 없으면 부부는 아무짝에도 쓸모가 없다
깡마른 그 녀석이 삐걱거리기라도 하는 날이면
잔치준비로 손길이 안팎으로 수선스럽다
따끈한 콩비지 매콤한 순두부 구수한 된장까지도
입맛을 다셔봤자 그 없이는 헛일이란 걸 잘 안다
가끔은 얼큰한 두부조림 생각에 군침을 흘리지만
그는 나 없이 어찌 견디나 두고 보자며 심술을 떤다
큼직한 가마솥에서 모락모락 김이 오르는 명절에도
군침만 흘릴 뿐 그 없이는 한낱 그림의 떡이었다
일 년 내내 손가락 꼽을 만큼만 필요 한 몸이지만
평소엔 애물단지로 홀대받아온 빼빼마른 그다
명절이나 애경사엔 더욱 필요로 하는 그는
대종가에서는 없어선 안 될 귀한 몸이다

그물망

산수 좋고 인심 좋기로 유명하다는 영동마을
사과 밭이 온통 그물망으로 뒤덮여있다
텅빈 논 가운데로 내몰린 오 서방네 일가
싸늘한 바람맞으며 황량한 벌판을 배회한다
터전 잃고 겨울양식 걱정이 태산인 서글픈 그들이
강둑에 쭈그려 앉아 머리 맞대고 연신 고갯짓이다
그 옆 전봇대 중심으로 둘러앉은 또 다른 가족
겨울나기 대책에 여념 없는 듯이 심각한 회의 중이다
그물 씌운 사과밭에 꽂힌 미련 못 버린 그들은
감나무 우듬지엔 관심조차 없는 고집쟁이들이다
몇십 년 만에 찾아올 강추위란 예고가 있으니
오 서방네 일가의 수난시대가 불 보듯 빤하다

이대로 쭉 나아가다간 동지섣달 설한풍에
오 서방네 일가 줄초상 치룰까 걱정스럽다

맞으며 사는 너

작은 몸으로 세상과 만나던 날
고달픈 너의 삶은 예정되어 있었지
흥부가 주걱으로 얻어맞듯 늘상 똑딱
눈만 뜨면 때린데 또 때리는 그들로부터
얻어터지고 부대끼는 삶을 살고 있지
빈약한 몸 다칠세라 행여 깨질세라
소중히 다루는 손길도 있겠지만
대개는 사력을 다해 지극히 작은 너를 때리곤 하지
신나게 때려대는 뭇매 견디다 못해 통통통
다급하게 구석진 곳으로 숨어들다 잡히는 날엔
사마귀가 먹잇감 낚아채 듯 잽싸게 잡아챈 채
거대한 발로 사정없이 밟아 납작하게 뭉개버린다
만신창이 몸일망정 콩 튀듯 깨방정을 떨어야한다
세계만방에 태극기 높이 휘두르고 환성이 터진 뒤에
비로소 공로의 박수갈채를 받을 수 있던 널 사랑해

휜 허리

절름절름 조심스레 내딛던 걸음마로
두 발 모아 한 계단 한 계단 내려간다
행여 눈 쌓인 계단이라도 내려갈라치면
다리에 쥐가 나고 손엔 흥건히 땀이 난다
유난히 가파른 계단은 그마저도 허락지 않아
일행과 떨어져 엘리베이터만 찾아다녔다
이제 평지를 똑바로 걷고 있다고 여겼지만
아직 뒤뚱거린다는 한마디에 충격을 받았다
며칠을 고민 고민하던 끝에 마음 굳게 다잡고
스스로 볼 수 없는 뒷모습을 솔직하게 말해달라고
가까이 지내는 마음 편한 후배에게 상황을 물었다
조용히 중심 살피던 그녀 말없이 등을 쓸어준다
채근에 못이긴 듯 다물었던 입을 뗀 그녀
근심 띈 눈빛으로 오른쪽 등이 좀
그 다음 말 잇지 못하고 말꼬리를 자른다

순간, 아직은 방심할 때가 아니란 걸 알았다
언제쯤이면 척추 바로세우고 정상인처럼
또박또박 제대로 걸을 수 있을까 싶다
마음의 척추라도 바로 세우려 오늘도 시를 쓴다

고달픈 낙타

모래바람 가르며 줄줄이 끌려가는 그들
바리바리 등짐 얹고 허허벌판 고난의 행군이다
채찍이 가해질수록 뒤통수로 당겨지는 눈 꼬리
감당키 어려운 고통으로 모래밭 길을 내딛는다
몇 날 며칠 걸어 타 지역으로 팔려가는 행렬도 있지만
갈증에 거품 물고 헉헉대다 맥없이 주저앉는다
어쩌다 오아시스라도 만난다면
그보다 더 큰 행운이 또 있으랴
상처 난 다리에 고꾸라지다가도
소금 한 줌에 지친 몸 일으켜
몰이꾼의 손바닥 위를 알뜰히 핥는다
금쪽같은 소금에 고분고분해진 그들
머리 쓰다듬으면 순종하듯 일어나
뚜벅뚜벅 행군으로 이어진다

몰이꾼은 그 여세 몰아
거센 채찍질이 이어지고

꽁초집하장

버스정류장에서 우연히 손 선생을 만났다
나와 잠시 인사를 나눈 그는
무심코 권련 한 개비를 꺼내든다

시샘을 부릴 만큼 밀착된 그들의 애정행각은
남의 시선을 아랑곳하지 않은 채 계속되었다
애틋한 척 주고받던 그들의 거짓사랑은
긴 이별을 고하며 잡은 손 매정하게 뿌리쳤다
그들의 만남은 너무나 짧았다

시련당한 이들 우글거리는 대합실
존재감 잃은 채 하찮은 꼴로 추락하던 날
맥없이 지켜보던 동지들 애처로운 듯
열기 남은 새내기 살포시 품어안는다

누구를 위해 타오르던 가면의 불꽃인가
누구의 기침을 유발하던 불청객인가
누구의 한숨과 동행하던 지팡이인가
부질없이 사라진 연기 뒤로
패잔병들만 득실거린다

외면당한 동절기

북한강가 연밭 언저리
쓸쓸히 눈밭에 처박힌 파란 쌍둥이
아직도 연인들의 밀어 귀를 간질이고
땀방울이 뚝뚝 떨어지는 견지 낚시꾼
대어 낚아 올리던 함성이 고막을 찢는데
거센 눈보라 맞으며 혹한을 견딘다
두물머리 오가는 발길들 측은지심으로
끌끌 혀차며 한 마디씩 툭툭 내뱉는 말
그 비싼 대여비로 시시비비가 잦던 것이
괄시를 받고 있다며 언짢은 표정이다
자리매김한 텃새마저 떠나버린 얼음광장
연 밭도 꽝꽝 뱃길도 꽝꽝
입춘 지난 줄 모르는 철부지 바지선 불러들이자
정찰병 소식들은 성급한 텃새 날아들지만
조각얼음 다시 얼어붙을까
안절부절 새 가슴이다
동장군 내 몰고
꽃샘추위 지나면 언강이 풀릴까

나의 애마 코란도

아파트 특성 상 수시로 바뀌는 주차장
어쩌다 먼발치 하얀 턱시도를 발견 한다
옛사람을 쏙 빼닮은 모습에 가슴 설레어
행여 그 친구는 아닐까 발길을 옮긴다
7년간의 우정 접지 못하고 보낸 그였기에
멀리 닮은꼴만 보여도 그인가를 확인한다
추억을 접으려 애쓰면서도 나도 모르게
그를 닮은 턱시도 곁으로 다가가다가 놀란다
옛사람이 아니란 걸 확인하고 돌아서는 날엔
허탈감에 빠진 어깨가 축 늘어진다

요즘 새로 맞이한 깜찍하고 아담한 새사람과
오순도순 정 붙이고 나물캐며 봄을 즐긴다

바지선

드넓은 두물머리 얼음광장
청평 쪽도 양평 쪽도 물길 없는 하얀 세상
양수 교각 앞에 우뚝 솟은 원통형 철빔 두 개
밝은 벽돌색 옷 갈아입고 광내며 궁금증 부르더니
강가에 내걸려 펄럭이는 자막이 가슴을 열어준다
오래전에 사라져간 배다리를 복원하느라
지원받은 도비로 두툼한 동절기 녹여내고
포크레인 업고 눈밭에 버티고 선 듬직한 사내
켜켜이 쌓인 빙벽 왈강왈강 깨부수며
꽤나 먼 거리를 왕복하자 뻥 뚫린 물길
메일이라도 받았는지 혼자 돌아온 오리가
정찰하듯 머리 위를 맴돌다 날아간다
얼마 후 떼로 몰려온 그들이 깨진 얼음조각을 헤집는다
오래전에 터를 잡았던 듯 인기척에도 놀라지 않고
물길 가로질러 사람들 가까이 강가로 다가 온다
아이들이 던져준 빵조각을 차지하려고 쟁탈전 벌이고
붕어빵 던져주니 넙죽한 부리 가로저으며 꿱꿱
몸싸움하느라 뒤뚱뒤뚱 오리춤추다가
왁자지껄 박수소리에 놀란 듯 멀찌감치 가버린 뒤
새우깡으로 유인해 보지만

병목현상

한 해 두 번
변함없는 연례행사
지네가 줄지어 기듯
전국 도로는 대형주차장이다
고속도로 주변을 간이 화장실로
남성들 특권인 냥 혜택을 누리지만
여성들은 속수무책 몸살을 한다

의정부 포천 양평을 거친 차량들
한꺼번에 몰려든 구리나들목 톨게이트
지방도로는 대개 원만하다는 뉴스도 허사다
물러 설 수도 나아갈 수도 없는 상황에
병목을 빠져나가기까지 무려 40분이나 소요된다
나들이길 체증에 천만근 됨직한 눈까풀로
꾸벅거리다 박치기 할까 조바심만 한 아름

가방

단정하게 매무새 다듬은 그녀와
롯데마트에서 처음 만나던 그 날
A4용지가 들어가 좋다며 싱글벙글
마음에 쏙 들었는지 흡족해 하는 눈치다
수강 날 함께할 짝꿍이 되어달라며
귓속말 하곤 다정한 손길로 나를 반긴다

그녀는 늘 내가 필요한 것들 알뜰살뜰 챙겨준다
가끔은 옆 주머니에 용돈까지 찔러준다

매주 수요일이면 소중한 듯 날 끌어안고 차에 오른다
버스에서 전철로 바꿔 타는 화랑대역
봉화산을 출발한 6호선이라서 빈자리가 많다
나는 아직 새파랗게 젊은 사람?
그녀와 함께 경로석 아닌 일반석을 택한다

간식을 좋아하는 난 끼니때가 아니라도 자주 먹는다
때로는 남산만하게 부풀린 배를 안고 뒤뚱거리기도 하지만
살뜰히 챙겨주는 그녀와 함께하는 나들이 길은 기분이 두 배

새똥 한 점

병동 6층 재활치료실 밖으로 마련된 하늘정원
만해기념관이 소개된 경기도 편 12쪽에 실려 있는
'나는 나룻배 당신은 행인'이란 내용을 읽고 있다
바쁜 중에 책까지 챙겨들고 병실을 찾은 고마움에
문향이란 책 한 권 골라서 그늘진 나무의자에 걸터앉았다
툭, 좁쌀 크기의 새똥 한 점이 책머리 쪽으로 떨어졌다
곧바로 하늘을 올려다보았지만 엷은 구름조각만 떠다닐 뿐
모처럼 편 책갈피에 작은 점찍은 그이는 보이지 않았다
드넓은 창공을 가르던 그가
작은 병동 하늘정원 구석자리의 문향을
눈 여겨 봤을지 궁금해진다
혹여 전생에 꿈을 펼치지 못한 문학도는 아니었을까
흔적만 남기고 떠나버린 정체를 알 수 없는 그이

콩고 기행

오랑우탄 고릴라 보노보노 침팬지 중
보노보노가 인간과 제일 닮은꼴로
유일하게 직립보행이 가능한 동물이란다
도구를 사용할 줄 알고 식성도 비슷하며
쪼그려 안는 모습까지 사람을 꼭 닮은 동물이다
폭발하듯 내리쏟는 거대한 폭포가 장관인 이지워
대형 무지개를 높이 띄우고 멋진 화폭을 연출한다
비포장도로 달려 그 곳으로 향하다 진흙탕에 빠지니
몇몇 장정들의 흙 삽질에 웅덩이 메우고 차를 빼낸다
어려운 상황이 닥쳐도 느긋하게 기다릴 줄 아는 그들은
'하쿠나 마타타' 다 잘 될 거야, 주문을 반복한다

역경을 딛고 일어서는 동남아라며 대변하는 것 같다
사람을 빼 닮았다는 보노보노가 살고 있는 이국 엘도라도
상상으론 그릴 수 없는 색다른 도시 콩고엘 가고 싶다
자연 그대로 살아 숨 쉬는 곳 엘도라도 폭포에

대상포진

가습기를 틀지만 탁하기만 한 병실
썰렁해 감기오고 후덥지근해 짜증스럽다
상승기류를 타던 혈압은 190을 넘나들고
동승자는 달갑잖은 대상포진에게 붙들렸다
온몸에 전율을 느끼듯 몸부림치는 그가 안쓰럽다
기복이 심한 수치로 인해 갑자기 쌓인 스트레스가
혈압 상승요인이라니 자신도 불쾌감에 빠진다
평소 담당의사는 혈압 약을 복용하라고 종용했지만
내과담당의는 아직 약 먹을 단계는 아니라고 했다
무면허로 도망쳤던 겁쟁이 뺑소니 범인이 엿새 만에
목발 짚고 나타나 죽을죄 지었노라 고개를 꺾는다

불효 앞세운 황당한 홀어미의 그늘진 얼굴 앞에
화해의 협상은 씁쓸히 서로의 마음 문을 닫는다

한 잔의 커피

안개가 내리깔린 이른 아침
동구 능 앞으로 달려갔다
냇둑 참나무 꼭대기 나목 위
빈 까치집이 더욱 선명하다
잔설이 녹아내린 질펀한 잔디는 운동화 적시고
시린 발가락으론 고드름을 만든다
먹이를 찾아 잔디밭 헤집던 까치란 녀석
찌걱거리는 발소리에 놀란 듯 종종걸음 친다
개천 건너 나무 꼭대기에 올라 주변 살피던 녀석
묵은 까치집 가다듬어 입에 문 잔가지로 개보수 중이다
발을 동동 굴러봐도 언 몸 녹일 만한 곳 없는 능 앞
철새 담기를 포기하고 돌아서려는데 지인이 다가온다
따끈한 커피 한잔 건네는 해설사가 정겹게 느껴진다
그 온기로 인해 싸늘한 냉기가 얼핏 꼬리를 감춘다

병동의 세탁기

샤워실 구석에 놓인 대형세탁기
벽에 기대선 안내견이 그를 감시한다
500원짜리 동전 한 입에 푸른 눈 번득이며
신호로 보내는 전파 따라 덜덜거리며 요란스럽다
게걸스럽게 먹다가 30분이 지나자 덜덜 덜 치~익
어찌나 정확한지 단 1분 1초도 에누리 없다
20여개 병실은 입원환자 수에 따라 수시로 바뀌지만
세탁실 겸용 샤워실은 남녀혼용으로 열악한 실정이다
새벽시간엔 먼저 샤워실 차지하려 소란스럽고
가끔은 불청객 손에 활짝 열리는 문소리 때문에 놀란다
로봇이 말하고 청소하더니 안내견도 돈을 아는 듯
받은 액수가 양에 차지 않는 듯 덜덜 거리다 푸욱
결국 동전 한 잎 더 받아 챙기고 나서야 덜덜덜
돈다, 나도 돈다

세균처럼 붙어사는 언어들

담합과 바닥경제로 시국이 떠들썩한 요즘
업체들의 밀어내기 횡포로 안팎이 소란스럽다
뜬구름 잡듯 천정부지로 치솟던 부동산투기
점차 거품이 잦아들면서 시장경제는 수면 속에 빠졌다
기업의 횡포로 도산한 소상공인
삶의 끝자락에 내몰리면서 극단적인 자살을 택했다
대형슈퍼의 담합으로 골목상권이 무너지는가 싶더니
이젠 건설 현장까지 파고들어 물의를 일으킨다
4대강사업에 참여한 건설업체들 담합과정이 거론되던 날
손꼽히는 굴지의 대기업들 줄줄이 수면 위로 떠오른다

말도 많고 탈도 많은 부실공사로 귀한 생명 앗아간 그들
석가탄신일을 맞아 정화된 삶으로 거듭나기를

경쾌함의 오류

오토바이가 쌩쌩 지나갈 때면 툭툭
여러 장의 명함들이 날쌔게 날아다닌다
혼자서 광고용 명함을 날리기도 하지만
더러는 2인 1조로 좁은 골목길까지 누빈다
심심치 않게 유리창을 때리는 것들 대부분
목 돈 쓰고 푼돈으로, 복리 이자 없는 일수놀이
무담보에 원리금 균등상환 소액 당일 대출로
신분절대 보장이라는 내용의 명함들이다
어쩌면 영세민에겐 달가운 소식일지 모르겠으나
달리는 속도감에 길바닥으로 떨어져 쓰레기로 뒹군다
명함과 광고지들은 오가는 발길에 수 없이 짓밟히며
흔적을 남기며 지나는 행인의 눈살을 찌푸리게 한다
과격한 그들의 행동은 과연 얼마나 큰 성과를 거둘까?

부풀어 갈 이자와 조폭들의 괴롭힘이
경쾌하게 날아다닌다

벌금을 문다한들

세 살짜리 어린아이가
혼자 고집하던 천연염색 체험
잔디밭을 뛸 때는 쫓아다니기 힘들었고
연날리기를 조를 땐 다리아파 응해주지 못했으나
조그만 체구로 무조건 밀어대던 모습이 눈에 밟힌다
평소에 자주 만났던 노트북 창은
물레방아 몰아내고 새로 내건 외손자 사진
볼 때마다 입을 헤벌린 바보 할매
요즘 계모임에선 손자 자랑하면 벌금을 물린다는데
팔불출이면 어떻고 칠푼이면 어떠랴
노트북만 열면 활짝 웃으며 반겨주는 손자가 예쁜 걸
요 몇 주 동안 키도 많이 컸고
못하는 말이 없다는 아가는
딸내미의 장황한 설명이 아닐지라도
몰라보게 자랐을 터
바쁘다는 구실로 사진으로 보고픔 달래는 못난 할매
시화전이 끝나고 고려대 평생교육원 수료식이 끝나는 대로
뚤뚤이 외손자 보러
수원으로 달려갈 참인 걸

성에

당신은 빼어난 훈남인가봐
그러기에 멋들어진 그림을 그리지
당신은 선녀들의 요정인가봐
그러기에 나무마다 하얗게 그리지
당신은 개구쟁이 곡예사인가봐
그러기에 곤두박질 넘어져도 그리지
당신은 대단한 옹고집인가봐
그러기에 추운 날에도 빠지지 않고 그리지
당신은 욕심쟁이 놀부인가봐
그러기에 유리창에 몽땅 그리지
당신은 뛰어난 마술사인가봐
그러기에 감쪽같이 바꿔 그리지
당신은 건망증 환자인가봐
그러기에 시간이 지나면 잃어버리지
당신은 변덕쟁이 화가인가봐
그러기에 해만 뜨면 지워버리지

2부

산뜻한 동행

봄꽃으로 피어나고 싶다

1학기 시강의 둘째 날이다
커피를 마시다가 수업시간에 쫓긴다
커피가 남은 줄 모르는 앞줄 문우가
튀긴 강냉이를 종이 컵 속에 덥석 집어넣었다
아삭아삭 컵 바닥에 납작 엎드렸던 그녀가
튀밥 즐기느라 내는 소리가 주변에 퍼졌다
자신의 신분도 잘 모른 채 착각에 빠져
제철만난 꽃처럼피어나고 싶었나 보다
그 소리에 귀 기울이던 날 살펴보며
앞뒤에서 의문의 눈길로 바라본다
고작 튀밥 한 줌 먹는 소리였을 뿐인데
그 궁금증 풀지 못한 수강생들 안달이다

쑥을 뜯으며

새해로 접어든 춘 삼월 초
꽃샘추위 속에 만나는 귀하신 몸
시린 손 호호 불며 마른 풀섶을 헤친다
그들을 마중하러 발 빠르게 오르던 밭둑엔
어린 생명들이 살며시 고개 내밀고 꿈틀댄다
동장군에게 쫓기다가 지하로 숨어든 그들이
못다 핀 날개 활짝 피고파 기다려온 봄이다
옛사람들 가까이에서 사랑 듬뿍 받으며 지내던
추억 못 잊어 새봄이 되기만을 손꼽아 기다렸겠지
손꼽아 기다린 건 나또한 마찬가지다
극진한 대접 받으며 손에서 손으로 옮겨지는 정 또한
애틋한 사랑으로 뿌듯한 가슴을 뜨겁게 달군다
만인의 관심을 검어 쥔 그들은 청초한 이미지로
쑥쑥 자라서 팔방미인으로 곳곳에 자리매김 한다

꽃말

화단에 심은 상추 몇 포기 시들거리고
화분 속 고추도 뙤약볕에 고개 숙였다
크로버도 갈증이 나는 듯 힘없이 처진다
시원한물 한 바가지로 목축이라 했더니
살랑살랑 목인사를 건넨다
행여 네 잎 크로버 있을까 눈길 보냈더니
하나 둘 숫자가 늘어 가는데 주머니가 운다
엄마! 어디 있어?
반가운 딸의 목소리다
거기서 뭘 해?
네 잎 크로버 찾고 있지
엄마! 혹시 세 잎 크로버 꽃말 알아?
아니! 왜?
어, 행복 이래
그것도 모르면서 행복을 짓밟고 있는 거 아니야?

침보다 더 따끔한 일침 한 마디

배다리

양수대교 교각아래 자리한 세미원
즐비한 빨래판 밟으며 온실로 들어선다
각양각색 예쁜 꽃들의 미소로 황홀감에 빠진다
솔향기에 흠뻑 취한 나른한 오후
연 밭을 품어 안고 침묵을 지키던 물레방아
봄 맞을 준비로 마냥 부푼 가슴 콩닥거린다
장독분수대는 또다시 물줄기 뿜어 올린다
정조임금의 효와 정약용의 지혜를 기린다며
새롭게 등장한 양수리의 명물 배다리
세미원과 석창원 연결한 48개의 나룻배
다리 난간에 펄럭이는 오색 깃발과 청사초롱들
발목 잡힌 연인 놓아줄 생각을 하지 않고…

산뜻한 동행

풀빛에 가까운 카키색으로 곱게 단장하고
요염한 자태로 진열장 앞자리에 걸터앉은 그녀
네온 불빛 즐기며 오가는 눈길 사로잡던 어느 날
불쑥 나타난 멋없고 촌스런 아지매를 만났다
친구 삼을까 요리조리 훑어보다 마음 굳힌 듯 빙긋 웃고는
매니저를 부르더니 빳빳한 배춧잎 십여 장 꺼내 선뜻 건넨다
곱게 치장하고 아지매 따라 매니저 곁을 사뿐사뿐 떠나온 그녀
산수유 철쭉 등 잦은 꽃 잔치로 분주해진 따스한 봄날
산뜻한 나들이 길 동행하면 더욱 돋보이던 멋쟁이 아가씨
룰루랄라 콧바람 쐰 지 몇몇 날 들뜬 맘 추스르기도 전에
예고 없는 아지매의 교통사고로 나들이길 동행을 접었다
긴긴날 작은 공간에 틀어박혀 짝꿍과 함께 외출할 그날이
다시 오기만을 손꼽으며 침묵으로 기다리는 착한 그녀

자색 드레스의 여인

자색으로 우아하게 차려입고
행여 걸맞은 짝 있을까 눈여겨보고 있다

뜰 앞을 스치는 행인 뒤로 얼핏 보이는
하얀 턱시도 차려입은 훤칠한 사내
담 너머 골목 끝에도
하얀 정장 사내들이 군데군데 늘어섰다
하나같이 나뭇가지를 움켜쥔 그들은
좀처럼 자리를 뜨려하지 않고 서있다
그는 나를 꼭 빼닮은 모습을 하고서
누군가를 주시하듯 꼼짝도 아니 한다
그 속에서 유난히 날 바라보던 사내
아, 하얀 턱시도 그 사내가 바로
나의 짝꿍이라던 백목련이로구나

해송

거북이 등껍질 닮은
우툴두툴한 껍질로 옷 기워 입고
싸늘한 바닷바람막이로 해변에 선 적송
거북이와 자매로 태어났다는 전설대로
오빠는 산으로 올라가서 소나무로 살고
동생은 거북이로 바다에서 살게 되었다지
동생은 힘겹게나마 오빠 찾아 뭍엘 오를 수 있지만
행동이 자유롭지 못한 오빠는 물에 들 수 없어
늘 그리던 동생을 언제든지 바라볼 수 있는
바다 가까운 해변의 버팀목인 해송으로
자리매김 했노라고 전해오고 있지

감자 싹

까만 비닐봉지에 싸인 채
주방구석에서 봄을 맞이한 감자
북어조림 해먹으려고 봉지를 열었다
생명력 강한 그가 까만 봉지를 뚫고 얼굴 내민다
꺼내려 해도 나올 생각 아니 하고
억지로 빼내려 해도 요지부동이다
이미 몸통을 실컷 불린 그가 애를 먹이는 건
나와 줄다리기라도 하려드는 모양이다
예쁘게 자란 싹을 버리기 아까운 마음에서
눈길 마주치는 선반위에 고이 모셔놓았다
틈틈이 물 주곤 얼마나 자랐는지 확인 할 때면
튼실한 뿌리 내린 그가 쑥쑥 키를 늘려 간다
넓은 들 마다하고 침묵으로 거실에 앉은 그

나와 동거를 허락한 그에게 서둘러
새 둥지를 마련해 줘야 할 것 같다

하루살이

지난 밤 정성으로 빚은 씨앗
서둘러 출산한 새날 아침이 오면
온 세상이 자기 것인 양 뜨거운 정열로
불붙은 날갯짓으로 후덥지근한 두엄밭가를 맴돈다
마치 전쟁터에 나간 전사들처럼 서로 뒤엉킨다
숙명처럼 주어진 짧은 생을 조용히 접는다
속절없이 흘러가는 세상살이
쳇바퀴돌리듯 어두운 밤은 또 돌아온다
아침마다 새롭게 탄생시킨 그들이 제 몸 불태울 때
어설픈 낮달이 고단한 하루의 삶 몰아낼 어둠을 부른다
몇 날 며칠 퍼붓는 폭우에도 굴하지 않는 그들은
잉태 출산 거듭하는 끈질긴 집념으로 대를 잇는다
오기로 버티던 장마전선이 고집스런 심술 접을 때
소명 다한 하루 청산한 저녁 쓸쓸히 생을 접는다

소래포구에서

회원들 간에 적당한 날 골라잡아
앞서거니 뒤서거니 소래포구로 달려갔다
케케묵은 염전창고는 쓰러질 듯 기울어져 있다
갯바닥 팔각형 보도블록은 거북이 등껍질 닮았다
그 틈새로 듬성듬성 난 함초들이 웃자라 있다
물 머금은 그들 담아볼까 카메라 꺼내 들고
윙크하듯 한쪽 눈 찡그리고 찰칵찰칵 찍는다
셔터를 연속으로 눌러대지만 반응이 없다
앗, 나의 실수를 어찌 하면 좋을꼬?
충전한다며 배터리를 깜빡 잊어버리고
총알 없는 빈총 들고 전장에 선 이 여자를…
풀죽은 모습으로 스마트폰 꺼내들고 원 샷
닻줄에 앉아 낮잠 즐기는 갈매기 찰칵
갈매기 날개 닮은 가로등 향해 찰칵
조개구이와 바지락으로 허기진 배 달래고
포승줄에 묶인 뱃머리 갈매기 향해 찰칵

성에 처녀

꾸벅꾸벅 졸던 밤 전나무에 댓 잎 그리고
철쭉 꽃 피우려던 가지에 개나리꽃 매단다
귀청이 따갑도록 요란스레 칼바람 부는 밤
앙상한 목련가지엔 들쑥날쑥 백합꽃을 피웠다

푸르른 소나무를 하얗게 붉은 단풍도 하얗게
청홍 구분 못해 세상 것 모두 하얗게 그리는 색맹이다
은행잎 솔잎 섞어 입체적으로 멋지게 그렸건만
세상을 몽땅 하얗게만 연출하는 별난 요정
문풍지 서럽게 우는 밤이면 영락없이 찾아와
밤 깊도록 그렸다 지우기를 거듭하는 그녀지만
벽난로 따뜻한 불꽃 피면 머리 풀고 하늘로 간다

투명한 유리만 사랑하는 맑은 여인이 주르륵
해만 뜨면 서글픈 흔적 남기고 어디론가 숨어드는
영하의 날씨만 즐기는 베일 속 못난이 수줍은 그녀

알밤 삼총사

벼를 익히던 따가운 햇살로
붉게 물든 영근 알몸 감출까
잔디밭 속으로 살짝 숨어들어
밤사이 내린 이슬로 젖은 얼굴
햇살로 반짝이는 세쌍둥이 처녀
가을햇살에 영롱한 루비처럼 눈부시다

붉은 입 헤벌린 채
그를 지켜보던 노총각
자갈밭으로 급히 내려뛰다
돌 뿌리에 걸려 찔레덤불로 굴렀다
엄마 닮은 거목으로 자라서
시원한 그늘 안겨주고 싶었던 셋째 총각
수마가 할퀸 언덕길 헛딛고 곤두박질로
언덕 밑 다람쥐 굴로 빠져들고 만다

갯벌의 전사

- 작은 게

보잘 것 없는 소인국 꼬마병정
더위를 식히려고 막사에 들어갔다가
경보도 없이 기습 공격을 받았다
죽은 듯 숨죽이고 납작 엎드려 있었지만
넓은 세상 구경도 하기 전
바다 건너온 폭군들의 횡포 앞에
대책 없이 당하고 말았다
신참내기로 수륙작전 기다리던 막사에서
무지막지한 손에 마구잡이로 붙들려
상사들 틈에 휩쓸려 캄캄한 통속에 팽개쳐졌다
공포에 떨며 힘껏 물고 늘어져 보았지만 역부족
반항할 힘없는 졸병들이야 맥없이 무너졌다지만
소장도 대장도 찍소리 없이 잡혀 가는걸 보니
하급자도 상급자도 폭군 앞엔 무용지물이다

잠자리 사냥

싸리비 고추 세워 폴짝폴짝
어설피 휘두르는 빗자루에 놀라
혼비백산 도망치는 쌀 잠자리 밀잠자리
마당 한 바퀴를 돌아봐도 허탕을 쳤다
빙그레 귀에 걸렸던 여덟째 막둥이 작은 입이
야무지게 닫히며 털썩 마루 끝에 걸쳐 앉는다
약삭빠르게 날아가 버린 녀석들 땜에 약 오른 듯
누나들 것 몽땅 걷어다 손가락 사이사이 끼우고는
큰누나 꽁무니만 졸졸 따라다니며 더 잡아 달란다
손가락 틈새서 숨 막혀 허우적대는 모습이 안쓰러워
옥수수 삶아준다는 약속으로 날려 주기에 성공한다
하마터면 죽을 번 한 녀석들 잠시 비실대더니만
몸 가누곤 날렵한 몸짓으로 두엄 가를 뱅뱅 돈다
옥수수 몇 자루에 큰 맘 먹고 손가락 열어주던
살가운 여섯 살 막내가 마냥 귀여움으로 남겠지

방호벽 타는 담쟁이

입춘이 지나 우수 경칩이다

침침한 잿빛 옷 벗어던진 그들이
연녹색 옷 갈아입으며 기지개를 켠다
높디높은 벽 성큼성큼 기어올라 소음 즐기며
여름을 노래하며 청춘을 자랑삼던 그날 기억으로
화려한 옷자락 걷어 제치고 가시 곧추세우던 그들
벌거숭이로 황량한 벌판 보초서기 하면서 지새운다
숱한 날들 뒤로하고 소생의 몸부림이 선명하다
머지않아 오가는 행인께 나풀나풀 반가운 손 사례로
미소 안겨줄 싱그러운 청춘을 손꼽아 기다린다
그들이 낸 물길 올려보며 정겨운 고향으로 내닫던 날들
훤칠한 키로 힘차게 움켜잡은 근육질 보이고
울퉁불퉁 솟은 혈관엔 건강미 넘치는 활기찬 모습
100km로 넘나들면서 간간이 훔쳐보던 쏠쏠한 재미
벌써부터 싱그러움이 코끝으로 전해온다

동구릉 담쟁이

모진 비바람 마다 않고 꿋꿋이 살아온 송선생
긴긴 세월 하늘 향해 기개를 펼치던 어느 날
갈 곳 없어 헤매던 넝쿨녀에게 옆구릴 허락했다
넉넉한 마음 베풀어준 남정네 껑충한 몸을
사랑인 냥 허리 휘감으며 애정을 쏟아 붇던 그녀
씩씩한 그에게 빌붙어 기생하며 야금야금 양분갈취 중이다
그녀의 잔꾀에 속아 검은 속내 모른 채 보낸 허송세월로
뼈만 앙상해진 남정네 시름시름 몸살을 앓는 중이다
능 지킴이 목조이며 제 배만 불리던 그녀로 인해
볼품없이 초췌한 모습으로 변모한 껑충한 그 사내
악착같이 달라붙은 그녀에게 생명을 바친 송선생
그는 싱싱하고 푸르던 잎 모두 버리고 앙상한 꺽다리로
생명 잃은 장승처럼 능 지킴이로 쓸쓸히 서있다

철모르는 우박

꽃샘추위가 물러간 듯한 4월 초순
우중충한 날씨로 변해간다
가랑비가 날리더니 돌풍으로 간판이 울고
진눈개비로 바뀌는 가 싶더니 곧바로 후두둑
콩알만한 우박들이 사납게 유리창을 때린다
변덕스런 기상이변으로 내일을 예측할 수 없고
예기치 못한 일들로 종잡을 수 없는 봄철이다
가까스로 고개 내민 새싹들이 동상을 입고
성급하게 비닐 막 벗긴 온실도 냉해를 입었다

아메리카의 어떤 도시는 대설 사태로 붕괴되었다고 한다
엄청난 물난리는 동남아 일부를 꿀꺽 삼킨다
예고 없는 화산폭발은 한 지역을 뒤덮고
작은 불씨는 거대한 산도 거뜬히 삼킨다
횡성은 마을을 날리고 폭발물은 사람을 날리고
광적인 북한은 공갈협박 남발로 세상을 뒤 흔든다
비일비재한 사건들로 지구촌이 송두리째 흔들린다

미루나무

책보 둘러멘 하교 길 개구쟁이
불러 모으던 냇둑 꺽다리 미루나무!
호중이 관영이 순창이 모두 불러 모아
외로움 달래라며 껑충한 그늘 내어주곤
미소로 내려다보며 덩실덩실 어깨춤 추다가
하늘 가리며 몰려든 먹구름에 그림자 놓친다
금방 대지를 집어삼키기라도 할 듯 기세등등한
천지를 뒤 흔들며 쏜살같이 달려오는 고함소리에
연 날리던 아이들 안절부절 연줄을 팽개친다
날선 불 칼이 하늘 가르며 내리찍는 쇠말뚝처럼
땅에 꽂히던 찰라 절반쯤 까맣게 타버린 이정표

코흘리개들, 비에 젖은 생쥐꼴이다
발걸음 옮길 때마다 왈강거리는 함석필통
내분으로 부대끼다 상처를 남긴 몽당연필
행여 책 보따리 젖을세라 어깨로 가려보지만
머리부터 줄줄 내리쏟는 빗줄기 감당키 어려운데
고막 찢는 뇌성벽력으로 까맣게 타버린 그는
지 죽을 줄 모르고 자리 지키기에 정신이 없다

전철

상큼한 차림새 정겨운 그가 오늘도 나들이 길을 나섰다
오라는 이 없지만 기다리는 이 많다며
아담한 작은 도시를 매일매일 스쳐지나간다
오가다 마주쳐도 반가운 기색 없지만
대식가란 소문이 파다한 그인
게걸스럽게 먹고 싸대기 바쁜 잡식성 체질이다
육중한 거구를 지탱하기 위한 방편일까
오직 먹는 것만이 취미요 삶의 전부인 듯
오늘도 먹고 싸대느라 여념이 없다

큰 덩치에 원만한 성품을 지닌 그인
역마살이라도 낀 듯 바삐 돌아치지만
약속시간만은 칼같이 지키는 강북멋쟁이다
천성이 바지런한 그인 오늘도
휴일을 반납한 채 강바람을 가른다

백송을 찾아서

아홉 살짜리 어린 학생이
삶은 계란 5알 환타 한 병 싸들고
오십 여리길 신암까지 걸어서 간 봄 소풍
도착한 신암에는 멋대로 자란 희귀종 백송 세 그루
점심만 먹고 되짚어 출발했어도 중간쯤에 해가 졌다
신례원역을 지나칠 때만해도 그리 어둡지 않았지만
갑자기 어두컴컴해지더니 소나기가 쏟아지기 시작했다
오일장을 다니던 익숙한 길 같은 학군 노루목 앞을 지날 때
뒷발에 채이면서 꽃신 한 짝이 벗어지면서 곤두박질쳤다
나뒹굴던 신발 찾느라 길바닥 더듬다가 번쩍 내리꽂는 번개에
코쟁이 고무신짝 집어 들고 앞줄을 따르지만 꾹꾹 발바닥을 따갑다
급히 신었던 신발에 모래가 들어간 줄 모르고 서두른 탓이다
희귀송 소풍날 잃어버린 코쟁이 신발 한 짝 번갯불로 찾고 보니
번갯불에 콩 튀겨먹는다는 옛말이 새롭게 느껴진다

폭우로 빚은 강

장대비로 쓸어내린 흙탕물이
샛강을 거쳐 한강으로 달려간다
남양주와 구리사이 냇물은
밤사이 엄청나게 불어나 큰 강을 이룬다
공용주차장을 휩쓸어 간 기습적인 폭우로
천 변 주차장 꿀꺽 삼키고 체육시설 모두 덮었다
군데군데 설치된 운동기구 생태학습장 오간 데 없고
허드레 옷 덕지덕지 걸친 외로운 가로등
끔찍한 그 악몽 지우지도 못했건만

늑장대책에 뿌리째 뽑힌 거목 황토목욕 중이고
물귀신은 트럭을 삼킬 듯 점점 차오fms다

불타는 가을

따가운 햇살로 햇곡식 익힐 때쯤이면
마당가 맴돌던 잠자리들 빨갛게 물든다
청고추 붉게 타들어가는 이맘때면
담장의 장미도 덩달아 제 몸을 불사른다
늦가을 풋밤송이가 붉게 물들어갈 때쯤엔
각혈하듯 입 벌려 토실토실한 알밤 토해낸다
나뭇잎 하나 둘 붉게 타들어 가기 시작할 때면
뚝뚝 떨어지는 홋농이 스스로 빨간 몸 태운다

해맑은 웃음으로 가을맞이 즐기던 단풍나무
숱한 고기떼 떨구며 겨울 날 준비로 분주하다

모과

아담한 모과선생 삼형제가
마당 끝자락에 정답게 서있다
간지럼 잘 타는 이웃을 밀어내려는 듯
진도 견 백구가 사정없이 그를 물어뜯는다
그 곁에 더부살이 들어와 사는 앵두일가
수줍은 듯 볼 붉히며 나무틈새로 숨는다
듬직한 나이로 갸우뚱거리는 모씨 삼형제
구관이 명관이란 뜻 모를 말만 수 없이 곱씹는다
인물은 별로지만 인기만은 짱이라고 우쭐대던 맏형
특유의 향기 싣고 온 마을을 휘감아돈다
그러던 맏형 길손 유혹하던 건달기 차분히 접고
사그라져 가는 앵두가 측은한 듯 그늘로 품어 안는다
성실한 맏형 빼닮은 둘째는 은 체구로 자기 몫을 다하고
아담한 셋째 역시 묵묵히 자리 지키는 착한 형들 닮아간다

찌는 더위와 태풍으로부터 바람막이되어
이웃을 지키는 의좋은 삼형제

3부

시행착오

확성기

삐삐 삐 익
아, 아 마을주민 여러분!
화천학교에서 안내말씀 드립니다
오늘은 우리학교의 즐거운 운동회 날입니다
비가 올까 우려했지만 맑고 화창한 날씨로
하나님께서도 오늘을 축복해주는 듯합니다
가을걷이로 바쁘실 줄 압니다만 일 년에 한번 열리는
연중행사이오니 잠깐 일손 멈추시고 꼭 참석하셔서
운동회를 빛내주시길 간곡히 부탁드리는 바입니다
그리고 에에,
학부형들께서는 매끄러운 진행을 위해
행사에 늦지 않도록 일찍 와주시기 바랍니다
에 또, 삐익…
초청 받은 내빈께서는 속히 본부석에 앉아 주시고
실무진들께선 각자 맡은 종목에 성심성의껏 임해주세요
어린이들이 그간 갈고 닦은 기량을 맘껏 뽐낼 수 있도록
격려의 큰 박수 보내 주시기를 주민들께 부탁드립니다
이제 점심시간을 알리는 꽃바구니가 터질 예정이오니
학부형께선 어린이들이 찾기 쉽도록 자리를 잡아주세요

참석하신 분들께서는 즐거운 운동회가 될 수 있도록
끝까지 지켜봐주실 것을 거듭 당부 드리며 저희 역시
최선을 다할 것을 교직원 이름으로 약속드립니다
이상입니다. 삐 익 쿵쿵

윤회

태초에 내 고향 내림천
맑은 맘으로 고향 떠나
이 마을 저 마을 돌고 돌아
낮은 곳으로만 향하던 발길 머문 곳 양수리
이곳을 일컬어 서울의 젖줄 아리수라 하더이다
또다시 등 떠밀려 세상구경을 떠난답니다
평소 우습고 하찮게 여기던 세상 것들이
이제야 우리의 소중함을 깨달은 듯합니다만
난 허리 휜 강을 거쳐 넓은바다를 향해 중이라오
떠돌이로 전국을 유람하다 허기로 지칠 때쯤이면
시건방떨던 건달기 접고 둥둥 저 높은 상공 누비다
그도 지루해 방랑생활 접고 내림천으로 돌아왔지만
역마살이라도 끼었는지 내림천에게 등 떠밀려서
세상 밖으로 재차 여행 떠날 차비를 한답니다

그들은 새삼스레 그들의 소중함을
그는

시 건방 떨던 건달기 접고 둥둥 높은 상공을 누빈답니다
그도 지루했던지 방랑생활 접고 내림 천에 돌아왔지만
역마살 낀 그를 반기는 이 없는 터라 또다시 등 떠밀려
세상 밖으로 정처 없는 여행 떠날 차비를 한답니다

삼대가 한 집에

칠곡으로 들어서는 길 개천가
낙엽 진 가로수 우듬지에 3층집이 걸려있다
우둔하리만큼 튼튼히 지은 집 위에 얼기설기
2층집을 덧 지었고 그 위에 또 3층을 올렸다
한 지붕 아래 3대가 살고 있다는 건
핵가족시대가 아닌 옛날로 살아간다는 것
그들도 변덕이 죽 끓는 다산정책이라는 걸 아는 모양이다
요즘 보기 드문 삼대가 모여 사는 그런 집이 정겨워 보인다
가끔은 삼대가 어우러져 살아가는 모습이 방송에 나온다
요즘 보기 드문 현상이다
모두들 단출하게 살기를 원하고 주위 환경 또한 변해간다
땅을 딛고 살아갈 수 있다면 몰라도
닭장 같은 아파트에 갇혀 살다보면
나 아닌 그 누구라도 그리될 것만 같다

삼층 집짓고 살아가는 그들이 부럽게 느껴지던 순간이다

생각의 차이

거지에게 생일 없고 도둑에겐 양심 없고
열심히 노력하는 사람에겐 밤과 낮이 따로 없다
실직자에게 봉급날 없듯
게으른 사람에겐 돌아오는 것 없다
덩치 큰 바보개미는 빨리 달릴 수 없음을 한탄하지만
똑똑한 쏠개미는 큰 동물의 몸에 붙어 달릴 수 있는
작은 몸을 자랑으로 여길 줄 아는 지혜를 가졌다
남에게 기대서길 좋아하는 어리석은 사람은
자기 혼자 설 수 있는 힘마저 잃게 된다
자신의 단점을 슬퍼하며 화낸 얼굴 낯설고
자신의 모습 고쳐가며 웃는 얼굴 낯설지 않다
자기연장 아껴두고 남의 연장 빌려 쓴 욕심쟁이는
자기연장 녹슬어 쓸 수 없게 변질되는 줄 모른다
잘 낫다고 자랑 말고 부자를 내 세우지 말 것이며
겸손한 자세로 노력하는 생활 속에서 희망을 이루자

날선 도끼는 오래도록 안 쓰면 녹슬어 무디어 지고
그리움도 고통도 오래두면 무감각해지고 잊혀진다

넘치는 메일로

불의의 사고로
배드민턴 접고 산행도 접은 난데
도대체 날보고 뭘 어쩌란 말이냐
마음으론 하루에 열 두 번이라도 오르고픈
명산들이지만 내겐 모두 그림의 떡인 것을 말이다
산행도 좋고 풍경도 좋고 꽃 잔치도 좋지만
불필요한 메일이 이십 여개를 훌쩍 넘었다
비슷한 사진 수 십 장으로 클릭을 멈추게 하고
상상을 뛰어넘을 잡다한 것들로 머리가 터질 지경이다
불필요한 정치문제는 정치인에게 맡길 것이고
글쟁이 우린 좋은 글쓰기에 최선을 다하자
그 누구를 지목한 언어폭력이나 감정 접고
사사로운 남의 이야길랑 제발 사양하고 싶다

영양가 있는 메일 홍수를 꿈꾸며

의문의 투신

한적한 저수지에서 발견된 그녀
사망한지 삼 개월이 지난 뒤에야
낚시꾼에 의해 세상에 알려진 상황이다
임산부인 그에겐 비밀리에 혼인신고가 돼있었고
사망 수개월 전에 보험에 가입한 사실을 알아냈다
그가 수령해간 보험금 11억 원을 근거로 추적한 바
감쪽같이 묻혀 버릴 뻔 했던 사건을 낱낱이 파헤쳤다
생명을 잉태한 몸으로 꽁꽁 언 저수지에 수장된 채
죽임을 당해 모두를 경악케했다
보험금을 노린 혼인을 빙자한 파렴치한의
극악무도한 범행은 사형을 받는다 해도 부족한 처벌일 것이다
사상이 다른 전방지역의 도끼만행 사건보다 더 악랄한
죄질이 최악인 범죄자로 천벌을 받아 마땅할 철면피다

밀레니엄 홀

전철을 바꾸며 찾아간 고속터미널
초행도 아니건만 복잡한 미로를 더듬는다
우로 좌로 꺾으며 가까스로 찾아간 예식홀
전 신문사 대표 댁 잔치라서 그런지
굵직굵직한 인물들이 대거 보인다
딸이 없는 아들 부잣집 오 부자가 나란히 서서
꾸벅거리며 축하객을 맞이하는 모습이 이채롭다
주인공인 신랑이 프랑크푸르트에 살고 있는 터
신랑 친구는 별로 없겠다 싶었지만 의외로 많다
7백여 명이 넘는다는 하객들로 붐비는 식장인지라
꼭꼭 숨은 듯 동기간 찾기조차 어려운 예식홀이다

서민에겐 다소 과한 음식 값이 부담스러웠다

긴 잠

육신을 뉘인 양지 바른 그 곳
봄이면 솔바람에 뻐꾸기 날아 올 테고
동산에는 산나리 향기 가득하겠지
쓰르라미 매염매염 여름 노래할 때
타는 갈증 적셔줄 단비 내릴 테고
가끔은 꾀꼬리도 위문공연 하겠지
예쁜 단풍 갈아입을 가을 지나고
칼바람 몰아치는 싸늘한 겨울이 오면
새하얀 솜이불 포근히 덮어주겠지
미지의 그곳은 고난과는 거리가 먼
웃음꽃 피어나는 이상국가
아름답고 행복한 무릉도원이겠지

매점 직원

한 주에 두세 번 들르는 사우나엔
늘 돌아 앉아 등만 보이는 여인이 있다
출입문을 열면 녹음 된 듯 '어서 오세요'라는
인사말은 변함없지만 가슴팍에 머리를 처박은 채
뒤돌아 앉아있으니 좀처럼 얼굴을 볼 수가 없다
화려한 꽃무늬 원피스가 여럿 걸려있고
속옷들과 잡다한 물건들로 눈길을 끈다
그 앞에 아무렇게나 쭈그려 앉아 야금야금
젊음과 세월을 갉아먹는 막가파 인생이 안쓰럽다
책 선물 달갑지 않아 하던 처세는 좀 미웠지만
중독성 강한 꽃 그림에 갇힌 그녀가 가여웠다

순간, 시의 진액을 수혈해주고 싶은 충동이 인다

마음의 등대

4시에 귀가하기로 약속했지만
하산이 늦어지면서 출발 시간이 한 시간 지연되었다
어정쩡한 저녁을 포천에서 해결하자는 제안에
소문난 두부골로 향한다

갈대밭 산행에 지친 몸 줄 네온 길게 늘어진
승강장을 돌아 주차장을 향해 걷는다
어둠이 짙게 내리깔린 낯선 거리
방향 못 잡아 헤맬 때 깜빡이는 네온이 빛을 발한다
9시가 되어서야 구리에 도착했다

풍랑과 긴 항해에 등대가 없다면 어떻게 될까
내 인생 길에 분명한 방향을 잡아주는 시처럼
나는 승차장의 희미한 불빛을 등대삼아
구리 집에 도착해서야 닻을 내렸다

해우소

비탈진 언덕 위 마당 끝자락에
있는 듯 없는 듯 헛간 같았던 그가
건물 안에 버젓이 자리잡았다
그간 익혀온 자비를 실천하려 함일까
산사를 찾는 불자라면 어느 누구를 막론하고
온기 품어 마음의 여유를 찾게 해주는 그
깔끔한 '시' 한 수 코팅해 걸어두고
숱한 방문객 눈길 잡고 근심까지 덜어 주는 그다
수시로 불자님 드나드는 법당에도 없는 난방기를
홀로 독점한 그가 폭설도 모르쇠 한파도 모르쇠한다
칼바람은 더더욱 모르쇠로 일관하며
자기와 무관한 한파쯤으로 간주한다

불가에서 그토록 바라던 자비란 그에게
강 건너 불구경에 불과한 것일까

시행착오

지구온난화 이상 기후로
숨 막힐 것 같은 복 더위에
감기 부르는 에어컨 고이 모셔두고
찜통 속 열대야로 몸부림친다
대낮같이 밝은 가로등 불빛으로
낮인지 밤인지 구분이 안 되는 듯
밤 깊은 줄 모르고 왕왕 울어대는
시끌벅적한 도심 복판 숲속의 합주
종족 번식 일념으로 주어진 짧은 삶을
짝을 찾아 외치던 합창이 끝나는가 하면
어느새 둘이 되어 주고받는 조화로운 하모니로
잠 못 들어 뒤척이는 싱글 맘 귓전 맴돈다

게으른 매미가 가로수 그늘에서
오늘도 짝을 부르느라 왕왕거린다

개꿈

남은여생 반려자로 만난 그 사람
전생인연 운운하던 자상한 그 모습은
무서운 집념의 과대포장 그 자체다
가짜웃음 흘리던 싸늘한 그 눈초리
양의 가면 뒤에 숨긴 늑대근성 두 얼굴
무한한 변장술로 속임수에 능한 그 사내
X에게 물린 억세게 운수 사나운 날
어리석은 판단으로 보낸 허송세월 아까워
입술을 깨물며 아린 가슴 쓸어내릴 때
벨소리에 화들짝 놀라 깨 되짚어본다

맥없이 무너져 내린 바닷가 모래성은
모처럼 누려보던 어설픈 쪽잠의 부산물이다

못된 녀석들

볼라벤 휘몰아 간 어수선한 마을을
덴빈이 또 한 번 뒤집어 놓았다
성급히 따라온 산바 녀석 험상궂은 얼굴 들이밀더니
물고문 일삼으며 거침없이 난동을 부린다
우산 뒤집고 간판 날리고 전신주 꺾고
담벼락 넘기고 집채 뭉개고도 성이 안찼던지
가로수 뿌리째 뽑아 인도와 차도를 막는다
그래도 성이 안 찼는지 빗물받이 챙 뜯어 팽개치다
전선까지 끊어 떠들썩하던 음식점을 암흑에 가두었다
적막을 깨고 골목을 뒤 흔들며 공포로 다가오는 굉음
매미보다 더 악랄한 산바에게 발목잡인 패거리들
희미한 촛불 하나로 씁쓸한 술잔 기울일 때
풍운아 또 한 녀석 북상 중이란 전갈이다

자신과의 다짐

성공하려면 어떠한 일이든 온전히 집중하고
나를 위한 충고라면 쓰든 달든 겸허히 받아들이자
오늘에 만족하고 감사하며 과거에 집착하지 말고
지금 이 시간 나와 내 옆 사람들로 만족하며 살자
지혜롭게 때를 기다릴 줄 알고 지배할 줄도 알며
좋은 씨앗을 골라 좋은 땅에 믿음의 씨앗으로 뿌리자
뿌리가 뽑혔을 경우엔 애꿎은 바람 탓만 하지 말고
깊게 뿌리 내려 튼실하게 가꾸지 못한 자신을 탓하자
무단한 노력으로 좋은 열매를 얻을 땐 이웃과 나누며
지금 주어진 현실에 감사하며 행복한 마음으로 살자
정성껏 최선을 다하되 지나친 욕심은 부리지 말고
착한일과 선한 일을 한 뒤 그것을 기억하진 말자
사람이 성공을 만들기 보단 성공이 사람을 만든다

개과천선

그는 도선생
늘 남의 집 창문을 힐끗힐끗 넘보는 그는
높은 담벼락도 앙칼지게 움켜잡고 거침없이 오른다
그가 능숙한 솜씨로 벽을 타오를 때면
혀를 끌끌 찰 뿐 누구도 그를 나무라지 않는다
버팀목이 되어준 은혜도 쉽게 배반하는 파렴치한 그
숨통까지 조이며 지주를 갈취하는 모진 삶을 산다
한 번 마음먹은 곳이라면 물불 가리지 않고 억척을 떠는 그가
고속도로 방음벽까지 접수하곤 기를 쓰고 타 넘는다
어디든 빌붙어 기어오르는 습성만은 여전하지만
철부지 근성은 접은 듯하다

모처럼 바꾼 그의 직업은 페인트 공
따가운 햇볕 참아내며 방호벽에 바싹 붙어
암벽타기 하듯 외줄에 매달린 그
날 저무는 줄 모르고 녹색을 칠하느라
이리저리 옮겨가며 그네를 타고 있다

가족묘지

전국에서 두 번째로 장수 한다는 마을
청정지역 전남 고흥에 시멘트 유택이 등장했다
그간 파란 잔디로 말끔하게 단장돼왔던 풍습을 뒤엎고
썰렁하고 볼 성 사나운 횟가루 지붕으로 혐오감을 안겨준다
국가가 권장하는 화장문화만 못하다는 생각이 들어
냉기서린 묘지를 바라보던 눈길이 저절로 멀리 옮겨간다
나또한 부모님 유택이 선산에 안장되기를 바라고
그리움 사무치는 당대엔 선산에 모시기를 희망한다
을씨년스럽고 썰렁한 회색 콘크리트 유택보다는
차라리 수장이나 화초장, 수목장이 훨씬 나을 것 같다

날아다니는 광고물

오토바이가 쌩쌩 지나갈 때면 툭툭
여러 장의 명함들이 날쌔게 날아다닌다
혼자서 광고용 명함을 날리기도 하지만
더러는 2인 1조로 좁은 골목길까지 누빈다
심심치 않게 유리창을 때리는 것들 대부분
목 돈 쓰고 푼돈으로, 복리 이자 없는 일수놀이
무담보에 원리금 균등상환 소액 당일 대출로
신분절대 보장이라는 이란 내용의 명함들이다
영세민에겐 어쩌면 달가운 소식일지 모르겠으나
달리는 속도감에 길바닥으로 떨어져 쓰레기로 뒹군다
명함과 광고지들은 오가는 발길에 수 없이 짓밟히며
흔적을 남기곤 지나는 행인의 눈살을 찌푸리게 한다
과격한 그들의 행동은 과연 얼마나 큰 성과를 거둘까?

부풀어 갈 이자와 조폭들의 괴롭힘이
경쾌하게 날아다닌다

지구를 들어올리다

소우주 궤도를 떠돌며
괴롭힘을 즐기는 해파리란 놈
날렵한 몸매 자랑하며 자유자재로 춤추는 그가
심술보라도 터졌는지 글씨를 마구 흔들어댄다
좀처럼 사용하지 않던 지구본을 꺼내들었다
곁눈질하던 바둑이가 갑자기 낚아채가더니
영문 모를 웃음 흘리며 옆구리를 쿡쿡 찌른다
장난기 발동한 그녀 텅 빈 지구 속에
손가락을 쏘옥 집어넣고는 형님 나 좀 킥킥…
손가락을 지구본에 쏙 들이밀더니
글쎄 날보고 이걸 어쩌라고요
짓궂은 그녀의 장난기에 나도 그만 킥킥대다
눈치 백단인 교수님께 딱 걸리고 말았다
옆에서 앞에서 고개 들어 왜냐고 물으니
그녀는 답 대신 지구를 번쩍 들어올린다
수강 내내 야릇한 분위기로 몰고 가는 바둑이
웃음이 넉넉한 신참내기 풋풋한 그가 드디어
'야단법석'이란 시제로 등단대열에 합류한다
그녀와 함께하는 길에 한번쯤 찍히면 어떠랴

쌀나방의 최후

사람들의 주식 하얀 쌀에
신분 잊은 채 겁 없이 눈독을 들였다
무공해일수록 살아가기 수월하다기에
여름내 청정 유기농만 찾아다녔다
쌀포대건 플라스틱통이건
옹기항아리건 가리지 않고 파고들어 칩거한다

서늘한 가을로 접어들면서
일가 이룬 공로로 해탈을 꿈꿨다
움막집 벗어나 훨훨 자유 만끽하던 날
부푼 꿈 이루기도 전 느닷없이 뎅강
인정머리 없는 손길에 모질게 처형당한다
그녀 역시 삶의 의미를 잃은 듯
마지막 길 떠나는 그를 지켜보며
개숫물 투신으로 모진 생을 마감한다

접시 물에 코를 박아도 죽는다는 옛말을 떠올린다

배려

두 개의 물길이 합쳐진 양수리에
드넓은 얼음광장이 새롭게 탄생했다
옛것을 찾아 세우기 위해 지원받은 도비로
배다리를 복원하기 위한 기초공사가 한창이다
빨갛게 도색한 원통형 철빔 두 개가 교각 옆에 서 있다
바지선 위에 올라앉은 포크레인이 북한강의 얼음벽을
왈강왈강 요란스레 깨부수며 물길을 길게 내고 있다
텃새로 자리매김한 오리들을 위한 배려에서 조치를 내린 듯
꽤나 긴 거리를 왕복하면서 시원한 물길이 생겼다
관람객들이 던져준 몇 조각 안 되는 먹이를 차지하려고
얼음판에 미끄러지면서 조심조심 다가오던 오리들이
먹이를 찾아 넙죽한 부리 가로 저으며 종종거린다
왁자지껄한 꼬마들의 소란에 우르르 숲으로 날아든다
강가로 다가가 새우깡으로 유인해 보지만 헛수고로
빙빙 상공만 선회할 뿐 그들은 다시 돌아오지 않았다
뻥 뚫린 물길로 먹이사냥 가능한 배려의 손길로
그들의 숨통이 트일 것 같아 편히 발길을 돌린다

간 큰 도적님

뜨겁게 귀를 달구는 긴급 뉴스로
조용한 병실이 시끌벅적해졌다
같은 시간 때 안전망 없이 외벽을 타는
간 큰 사내의 아슬아슬 한 자막이 뜨겁다
지난 8월부터 올 4월까지 약 8개월간에 걸쳐
훔친 금액이 무려 8억여 원을 넘는다고 한다
대체적으로 출입이 편리한 부영아파트를 택한 그는
빠루라는 연장 하나 들고 빈집털이를 일삼아 왔단다
현관문에 CCTV가 없는 강남 서초 등 아파트 빈집만 골라
침입했고 금품을 털기까지 단 20초면 가능했다고 말했다
숱한 그 물건들을 겁 없이 받아들인 장물아비는 누구일까
서민들은 감히 헤아릴 수조차 없는 거대한 그 금품을 말이다
말문이 막힌 환우들이 서로서로 침묵 속에 혀만 끌끌 찰 뿐
황당한 아침 뉴스에 그 누구도 토를 달지 못하고 무반응이다
어차피 빈손으로 왔다가 빈손으로 가야할 인생길인 것일 진데
그들은 왜 부질없는 탐욕의 막장 드라마를 연출하는 것일까?

양반 수수

호랑이 전설 지닌 꺽다리 수수선생
양반 흉내 내려고 노비문서 없앤 걸 보니
세월 좋아졌다더니 정말로 좋아졌네
집성촌 이룬 일가는 파란 망건으로 통일하고
또 다른 패거리는 모두 빨간 망건을 뒤집어썼다
적자 서자 구분하려 씌운 것일까
비록 망건 위에 갓을 올리진 못했을 지언정
재물로 샀을 양반문서는 몸에 지녔던 게로구나

참새 떼 우르르 날아들더니 어깨에 걸터앉아 재잘거리다
갸우뚱갸우뚱 망건 쓴 얼굴 요리조리 훑는다
양반흉내 내려다 들킨 게 부끄러운지
아무 일 없었던 양 시치미 딱 떼며
먼산바라기로 고개만 살랑거린다

얼마 후면 목을 칠 붉은 수수밭
왠지 쓸쓸한 벌판에 망건 쓰고 선 모습이
용수 뒤집어쓴 '여순 감옥'의 그분과 겹쳐
왜곡된 역사 속 분노로 울컥 가슴을 치받는다

4부

뒷동산엔 지금

한글날에

2013년 10월 9일, 566돌을 맞이한 한글날
태국 방콕에서 제2차 세계문자올림픽이 열렸다
참가국은 영국 러시아 독일 우크라이나 베트남 폴란드 터키
셀비아 불가리아 아이슬란드 에티오피아 몰디브 우간다 포르투갈
그리스 스페인 남아공 한국 인도 울드, 말라야람 구자라티 푼자비
텔루그 말라시 오리아 뱅갈리 캐나다 등 27개국이다
심사기준으로는 문자의 기원, 문자의 구조와 유형, 글자의 수,
글자의 결합능력, 문자의 독립성 및 독자성, 문자의실용성,
문자의 응용 개발 성 등을 평가한다
쓰기 쉽고, 배우기 쉽고,
다양한 소리를 표현할 문자를 찾아내기 위해서다

1위로는 한국의 소리문자요
2위로는 인도의 텔루구 문자이며
영어인 알파벳은 3위로 선택되었다
참여국 27개 문자 중에서
한글의 우수성이 당당히 금메달을 획득한 것이다

2009년에는 16개국 대회에서 1위를 했고
2013년 재차 1위를 차지한 한글의 우수성
세계적으로 인정받은 대한민국 국민임이 자랑스럽다

이날 각국 학자들이 채택한 방콕 선언문을
인구 100만 명이 넘는 나라와 유네스코에 전달할 계획이란다

머지않아 한글이 스마트폰 세계 공용어가 될 날이 올 것 같다

산림감수

아랫말 세 갈래 길로 들어오는 양복쟁이 셋
한 사람은 한양댁 또 한 사람은 면서기 당숙네로
빼빼마른 꺽다리는 논둑길 건너 우리 집으로
그들을 발견한 아이들은 각자 자기 집으로 내 뛴다
나또한 어린 동생을 마당가운데 앉혀놓은 채로
후다닥 집안으로 뛰어 들며 엄마! 술 조사 나왔나 봐
술항아리에 용수 박고 맑은 술 뜨다 깜짝 놀란 우리엄마
응, 몇 사람이더냐?
세 사람인데 당숙네로 따로따로 갔거든
괘씸한, 벼바숨 앞둔 볏가리 쌓인 집만 골라서 간 게로구나
종종걸음 우리엄마, 제주용 맑은 술병 마늘걸이 대못에 걸고
평소 잠갔던 작은 대문 활짝 열어 재끼고 숨기니 감쪽같다
약주야 숨겼다지만 막걸리로 걸러낼 술항아리는 아직 인데
양복쟁이는 이미 안마당까지 들어왔고 그는 구두를 신은 채다
성큼 성큼 대청마루로 올라선 그를 본 우리엄마 노발대발
아니 이게 무슨 짓이요? 누가 죽기라도 했단 말이오?
초상이 났어야 신발신고 들어오지 무례하게시리…
느닷없는 호통에 당황한 그 산감 술 조사를 하기는커녕
머리 숙여 굽실굽실 사죄 하곤 맥없이 쫓겨난 셈이다

주소는 아산시지만 예산세무서 감시를 받던 시절이야기다
산감이라는 이름으로 땔감으로 벤 청솔가지 등을 적발해
벌금을 물게 하던 일행 중 다른 직원이 하는 말인 즉,
벌금은 절대로 안 물릴 테니 술병 감춘 곳만 알려달란다

산감이라면 무서워 벌벌 떨던 힘없는 시골사람들한테
혼줄 난 세무서 직원의 난감해하던 또렷한 기억이…

쑥버무리

물리치료 가던 길에 간병인이 건네준 버무리떡
아무렇게나 대충대충 버무렸다지만 꿀맛이 따로 없다
쑥버무리 한 덩이가 눈가에 이슬로 맺히는 건
유난히 정이 많던 할머니표 생일 떡이 그리워서다
모처럼 맛본 버무리 위에 정겨운 할머니 환영 겹치고
함께하던 옛날이 새삼 그리움의 쑥버무리로 떠오른다
밭둑에 엎드려 쑥쑥 자라난 쑥 뜯어
절구에 찧어 쑥버무리 쑥인절미 만들어 들려주시면
가까운 집안 어른들 찾아뵙느라 종종걸음으로 바빴다
쑥이 지천으로 깔린 4월이면 푸짐한 생일떡 챙겨들고
기뻐 뛰며 이웃 친구들에게 자랑삼던 기억도 겹친다

이른 봄 시린 손 호호 불며 산자락을 누비던 생각으로
메마른 풀잎 헤치며 즐겨 뜯던 어린 쑥 생각에 빠진다

곰보빵

탐스런 보름달을 닮은 그녀
젊은이들에겐 꽤나 인기가 많다
주머니 얄팍한 학생들에겐 더욱 친밀히 다가서던
마음 넉넉한 그를 더러는 달덩이라 부르기도 한다
소보로라 부르기도 하지만 그들을 탓하진 말자
예부터 그리 교육을 받았으니 크게 잘못일 게 없다
바라보는 잣대에 따라 소외를 당할 때도 있었겠지만
나이 들어갈수록 진가를 실감케 하는 그녀가 돋보인다
요즘 들어 그녀를 찾는 일이 부쩍 잦아지는 걸 보면서
식을 줄 모르는 인기에 부러움을 느끼기도 한다
많은 이들이 그녀를 기억해주고 동참 한다는 건
아마도 남다른 매력에 매너까지 좋기 때문 일게다
나 또한 순수한 그녀가 좋아서 가까이 다가서지만
더러는 이웃의 시샘으로 거리감을 둘 때도 있다

달을 품은 듯 부드러운 그녀에게 이끌리어
수시로 몰려다니던 옛 추억이 새롭다

동창회

분교로 출발했던 4회 졸업생
한 학급이라야 35명뿐이던 작은 학군으로
졸업한지 5년 만에 열린 동창회였지만
머슴아 이름 셋에 여자이름 하나 낀 발기인이 화근이다
그 호칭 때문에 지지배가 무슨 발기인이냐 꾸짖는
그것도 낮이 아닌 밤중에 모인다니 당치도 않다는
호랑이 아버지의 불호령에 발목 잡혀 동창회 불참했다
삼십여 년이 흘러 아이들이 다 자란 사십대 후반
군산 댁의 활발한 주선으로 이루어진 여 동창들 모임
뿔뿔이 흩어져 오랜 세월을 지내던 각자의 삶 속에서
모처럼 만나 고작 점심 한 끼로 헤어짐이 무의미했다
뜸했던 만남이 뒤늦게 모여 무창포엘 다녀오는 길엔

시골냄새 물씬 풍기는 공원엔 최익현 선생 동상이 세워져있고
각지에서 모여든 대장군 여장군 장승들로 꾸민 조각공원과
출렁다리 타고 오른 정상엔 천문대가 있다는 청양도립공원
누런 황소와 노랫말처럼 콩밭 매는 아낙이 어우러진 마을
노래비가 세워진 칠갑산을 들렀다

멈춰선 방아

메말라가는 계곡물로 삭막해진 늦봄
호수를 내려 보며 힘겹게 돌리는 세월
때로는 넉넉한 물이 넘쳐나기도 하지만
찔끔찔끔 가뭄에 지쳐 감질이 나는 이 봄
넉넉한 물 퍼 올려 신나게 돌려보고 싶지만
강렬한 태양빛에 점점 말라가는 계곡에서
폼 나게 돌릴 수 없는 아쉬움으로 신음 한다
고양이 세수하듯 변변찮은 지하수로 얼굴만 적시곤
삐거덕 삐거덕 몸살 속에 겉모습만 근사한 물레방아
타는 갈증 호소해도 못 들은 척
뒷짐 진 채 헛기침만 뱉어내는 놀부근성 인색한 주인
다음 장맛비 만나거든 여름나기에 목마르지 않도록
저수조에 넉넉히 채워 갈대밭 찾는 발목 붙들어야지

그네

오월 오일 단오 날이면
마을지킴이 정자나무가 몸살을 한다
긴 머리에 빨간 댕기 곱게 따 내린 동네처녀들
힘껏 발 한번 구르면 드높은 창공이 둘로 나뉜다
차례를 기다리며 뒷줄 꽁무니에 섰다가도
가까운 친척만나면 번쩍 들려 쌍그네로 올려진다
마을엔 대부분 친척들의 집성촌이었기에
체구가 작은 또래들이 누릴 수 있는 특권이었나 보다
이런 기회를 횡재라 여기고 보호 받기를 당연시하며
그네타기에 진땀이 나면 잔디밭에 벌렁 눕기도 한다
해저물녘이면 동네 청년들 하나 둘 정자를 향해
빈 깡통 새끼줄 대못 챙겨들고 종종걸음친다
자격박탈이라며 여자아이들은 집으로 쫓아 보내면서
단오절에 그네 탄다는 그들 잡을 준비로 술렁거린다
한탕주의 돌격대가 서둘러 개울로 몰려가고 난 뒤
짓궂은 그들이 떠난 잔디와 그네는 우리가 접수한다

구리의 명물들

무지개 색으로 곱게 피어난 코스모스가
살랑살랑 꽃 춤추는 시월의 한강 둔치
꼬리 문 지네가 광나루 건너 워커힐로 향한다
그 끝자락 물길 가로지른 광진교 위를 지네들이
긴 꼬리 물고 물리며 줄지어 꼬물꼬물 기어간다
무심코 걷다가 내려다 본 다리 밑엔 무지개 떠있고
거꾸로 선 빌딩 사이론 네온 불빛이 찬란하다
그 곁으로 고덕동에서 둔치를 거쳐 아차산을 관통하려는
거대한 다리가 제법 다리다운 모양을 갖춰가고 있다
머지않아 멋지게 장식한 아치형 새로운 다리 등장에
구리명물로 숫자를 더 할 것 같아 기대감도 크다
동구릉 구리타워 대장간 마을과 한강둔치에 또 하나의
다리건설로 구리역사를 새로 써야 할 것 같다

이불 솜

비 개인 하늘가 떠돌던 조각구름
서쪽 산 둔덕으로 몰려오던 저녁나절
정자 아래 목화밭에 슬며시 내려앉아
설익은 열매 따 먹느라 여념이 없다
궂은 날씨면 어깨가 욱신거린다는 울 엄마
활짝 핀 목화송이 한 아름 따다가 씨앗 빼고
얇게 펴 만든 솜 이부자리 준비해 드리면
꿈속 헤매며 하얗게 지새운 밤 멀리하고
평안한잠 이루며 고운 꿈도 꾸시겠지
시집살이 먼 길 떠나는 딸내미 배웅할 때
귀한 것이니 요긴하게 덮으라시며
포근한 솜이불 두 채 꾸려주시던 울 엄니께
가뿐한 솜이불 덮어 드리고 싶은 큰 딸

전형적 시골태생 울 엄마의 심정을
이제야 그려보는 어리석은 나는 철부지

후배

창밖 메마른 강바닥에 눈 내리꽂던 그녀에게
얼마나 목이 탔으면 계곡물을 말렸는가 물었다
두어 모금 마셨더니 그리 말라버리더라 하기에
뱃고래가 얼마나 크기에 그랬느냐고 되물었다
가파른 고지를 향해 60km로 달리느라 한얀 속이
새까맣게 탔노라며 엄살 섞인 애교를 떤다
70km로 가파른 고지를 달려야 할 선배 앞에 두고
히히히… 다물지 못한 입, 귀에 걸고 킥킥거린다
손가락으로 살포시 눈 가린 채 엉아눈치 훔친다
딴에는 실례했다는 생각이 들었기 때문일 게다

선배 능멸한 괘씸죄로 벌하려던 후배
미워 하려해도 미워할 수 없는 그녀를
열정으로 함께했던 '시'강의로 용서하련다

마로니에 숲에서

부푼 마음으로 찾아간 대학로
마로니에 공원을 더욱 빛나게 할
예술나무 숲으로의 초대전
갈고닦은 시 창작교육의 대가
그가 첫 번째로 뜻 깊은 문을 열고 있다
새끼묘목 한 그루씩 받아들고 감격하며
목 메여 눈물 훔치는 순수한 민초들
튼실한 거목이 뿌리내린 그곳에서
문학으로 싹틔운 행복나무들
폭넓은 그의 사랑 닮은 거목으로 자라서
나눔을 실천하는 행복나무가 되기를

고향마을

양지바른 뒷동산 자락
봄이면 솔바람에 나비 날아들고
허공을 맴도는 노란 꽃가루 수를 놓지
진달래 나리꽃 시들고 나면
아카시아 향기 온 동네 퍼져나고
개 복상 아그배 열매들이 유혹하는 곳

비릿한 밤꽃향기 가득한 동산에
보리수 빨갛게 익어갈 무렵
가로수 그늘에서 노래 부르던 매미
타는 갈증 적셔 줄 단비 내리고
가을 동산 빨갛게 불 밝히던 뒷동산
정자나무 위 소쩍새 소리 그리운 마을

고향집 · 1

봄이면 마을 뒷산에 날던 꾀꼬리
앞산의 버찌 산딸기 개복상 아그배
온 동네 휘감아돌던 아카시아향 밤꽃향
꼬물꼬물 뽕잎 갉아대며 꼬치 만들던 누에들
사랑채 윗방에선 찰칵찰칵 삼베옷감 짜던 베틀
누렁 소 되새김질 하던 외양간 시렁 위 둥지
교대로 오르내리며 알 낳고 꼬꼬댁 거리던 어미닭
하나뿐인 배나무 밑 딸기 밭 그 옆 앵두나무
뒤울안 대추나무 타고 오른 포도나무 여주넝쿨
집을 둘러싼 측백나무 울타리 밖에는 밤나무들
큰 대문 나서면 꺽다리 은행나무 널브러진 청솔가지
뒷밭 호두나무 밭 언저리 감나무 밑 호박덩굴
종돈 점박이 돼지우리 지붕엔 말박이 주렁주렁 열려
부러울 것 없던 추억의 고향집 종갓댁

고향집 · 2

사랑채 윗방엔 베틀녀
머슴이 가마니 짜던 사랑채 웃방
두부콩 출산하던 큼직한 맷돌녀
인절미 찧던 절구 상수리 털던 돌메
고부갈등 조율하던 다듬이 장단
삼대가 아우러진 화목한 웃음
숱한 기억 삼킨 수십 년 세월
대청마루 뒷문 밖 허드레 물
바지게로 져다 부었던 밤송이 더미
소담한 난초 키다리국화 흐드러진 수국
오빠의 작품 바나나 파초가 어우러진 곳
작은 대문 밖에 등 기대선 쌍둥이 호두나무
울 밖의 웃자란 혼수상자 참죽나무 열서너 그루
풍년을 예견하듯 솥 적다고 알려주던 소쩍새
마을의 수호신 정자도 옛 그대로인데
기억 속으로 사라져 간 추억어린 고향집

청평 호반

꼬불꼬불 북한강 끼고 도는 새벽길
새벽길 달리는 기사님 졸음 쫓으라고
행여 물가로 나뒹굴지 말라고
청평 호반에 스펀지를 깔았다
예쁜 아가 돌잔치 하라고
백설기도 한 시루 쪄다 놓고
양털이불도 살포시 깔아두었다

눈이 부시도록 예쁜 아가랑
아름다운 강산 화폭에 마음껏 담으라고
북한강 수면가득 대형도화지도 펼쳐놓았다
품에 안긴 천사 선잠깰까봐 발걸음 가벼이
사뿐사뿐 밟고 가라며 양탄자를 깔아두었다
잔잔한 미소로 천사에게 다가오는 어미가
새아씨 닮은꼴로 조심스레 수면 위를 걷는다

길상사

깎아지른 듯한
가파른 언덕 아래 자리한 길상사
침묵의방과 시민선방을 거치는 참선수행이
하루에도 2,000여명을 능가한다는 큰 도량으로
무소유를 주장하는 법정스님의 얼이 고이 잠든 곳
1995년 무소유를 탐독한 김영한 보살의 권유로
고급 요정이던 7,000여 평의 대원각을
1997년 12월 14일에 증정 받아 개조해
길상사라는 이름으로 바꿔 부처님을 모신 곳
뜻이 받아들여지던 그날, 그 여인은
법정스님으로부터 염주하나를 선물로 받았으며
'길상화'라는 법명도 함께 부여받았다고 한다
2010년 3월 11일 법정스님의 입적으로 인해
그 분의 무소유가 화두로 널리 알려지게 된 곳
만인의 스승 법정스님을 모신 길상사

불법의 문외한 이 작은 가슴에도 숙연함이…

진도 봄동

해풍 즐기며 동장군과 놀아나던
진도태생 춘녀가 제철을 만났다
남으로부터 올라오는 봄소식에
청정지역 운운하며 몸치장을 한다
단단히 바람이 난 듯한 그들이
매일 다른 외간 남자를 불러들인다
봄 냄새 물신 풍기는 그를 만난 춘남이
풀어헤친 단발머리랑 봄을 듬뿍 마신다
움츠렸던 가슴 활짝 열어 제치곤
상큼한 그녀 앞장세운 귀경길이 바쁘다
머리 풀어 산발한 채 따라나선 춘녀들
발바닥에 굴렁쇠 달고 덩달아 굴러간다

간이역

도청이전에 발맞춰 옮긴 도고온천역
곤히 잠들었던 간이역이 기지개를 켠다
뒷방 늙은이로 나앉은 학성역을 깨우니
오랜 세월 침묵으로 일관하던 간이역이 입을 연다
뒷방신세로 내몰린 옛 역사를 말끔히 단장시켜
옹기장의 발효음식 체험관 턱밑에 두고
장미넝쿨과 세계 꽃 식물원까지 하나로 묶었다

폐 역사를 오가는 레일바이크에 이어
침묵을 걷어내고 캠핑장 준공 한창이고
지역경제 살리기 위한 특산물 직거래장터
명년 봄엔 지인들과 레일바이크에 올라야지
따스한 수증기 뚫고 황금들판 가로 지르면
현충사 아산만 삽교호 등 모두 보일 테니까

신원 석물시장

안흥 유원지 세미나에 다녀오는 길에
코끼리 모녀 상 사자조각상 거북이 독수리 상등
헤아릴 수 없이 많은 조각상이 산자락에 널려있다
건물 뒤쪽엔 석물로 만든 큼직한 납골묘지가 있고
그 옆으로 실내골프를 즐기는 할아버지가 계신다
어르신께 사진 찍기를 허락 받고 가까이 다가서니
건물 뒤뜰 기둥에 매달린 줄엔 골프공이 묶여있다
사업가인 그는 중풍으로 몸이 자유롭지 못해 물 맑고
공기 좋은 송추 석물가공 현장에서 생활을 한단다
운동 삼아 실내골프를 즐기며 넓은 정원에 들어찬
특이한 석물들로 위안 삼고 정원걷기를 즐긴단다
그렇게 살 수만 있다면 잠시 방문한 나도
머물러 살고 싶은 욕심이 생기는 송추언저리

석굴을 찾아서

찬스 로즈 정희 만나
새조개 축제장으로 달려갑니다
서해대교로 진입하면서
행담도 휴게소엘 들르고 싶었지만
대표가 핸들을 잡았으니 권한 밖인 저는
침묵으로 목적지를 향해 갈 뿐입니다
내비게이션만 믿고 달리다 놓친 진입로는
다음코스인 광천톨게이트로 바뀌었고
접어든 마을은 보령시에 속한 천북면이라네요
굴 껍데기 지천으로 깔리고 비린내 진동하는 어촌
자연산 굴 구이 먹으려다 물총깨나 맞았구요
빵빵 터지는 소리엔 오금까지 저렸지요
챙겨 입으려던 외투에 남겨진 희뿌연 점액들은
녀석들의 반란으로 뒤집어 쓴 흔적이구요
귀경길엔 혹독한 댓 가를 치루고 가라하니
어쩌면 어설픈 출사라고 비웃고 있나 봐요

염전체험

화공약품 냄새 진동하는 새차를 타고
뻥 뚫린 서해대교를 달린다
넉넉한 공간과 먹을거리 넘쳐나는 여행길
동아리 회원들은 모두 즐거운 표정들이다
갯벌을 막아 농지로 탈바꿈시키는 과정에서
말라붙은 팔각형벽돌이 널려있는 광활한 갯벌
구획정리로 정돈된 논을 연상케하는 소금밭이다

짱뚱어탕 한 뚝배기 얼렁뚱땅 해치우고 찾아간
그리 멀지않은 염전 체험학습장
개발 중인 벌판 가운데 을씨년스럽게 보이는
목조건물로 지은 저장창고가 여럿
국내산 소금을 양산하는 보고다

죽가래 치켜든 일행들 소금밭에서 포즈취할 때
드는 물때라서 운 좋게 볼 수 있다는 도랑의 짱뚱어떼
우르르 몰려든 학생들의 함성에 와르르 도망질이다

뜰채만 있었더라면 무진장 잡을 것 같은 욕심에 눈을 떼지 못하고,

추억의 부뚜막에 소금을 집어넣은 그날,
아직도 눈에 짭조름하다

왕눈이

새벽잠에서 깨어 눈 비비니
떠오르는 밝은 태양이 다가오고
낮은 담장 너머 앞산이 다가온다
대문 열어 재끼니 신작로가 다가오고
가방 멘 아이들 등교 길이 다가오고
자전거 탄 남학생이 내게로 다가온다

갓난아이 들쳐 업은 앳된 신부가 다가오고
콩나물 사러 마트에 갔던 순이 엄마가 다가온다
졸랑졸랑 순이 엄마 뒤로 강아지가 다가오고
점점 어수선 해진 동네가 다가오고
하루에 두 번 다니는 버스가 다가온다

마을 앞길로 까만 승용차 한 대가 다가오고
온 세상 모두 내게로 다가온다

끌다와 끌려다니다

등교하랴 출근하랴 바쁜 일곱 시가
여덟시를 향해 정신없이 끌려가고 있다
상호간에 눈길 한 번 줄 수 없는 아침이
무엇에 홀린 듯 자유분방하게 끌려 다닌다
손가락 장단 치는 젊은이가 횡단보도를 사선으로 끌고 간다
무아지경이 요란한 경고음을 질질 끌고 간다
15도 각으로 시선을 고정한 채 이어폰 줄에 끌려가고 있다
어쩌다 뒤뚱 발목이 겹질려도 대수롭지 않은 듯
스마트폰에 두 손 잡혀 질질 끌려가고 있다
전철 문 들어서다 배낭으로 옆 사람 밀쳤어도
로봇처럼 빳빳한 고개로 기본예절을 끌어다 팽개친다
서른일곱명이 탑승한 중앙선 6량 중 다섯 번째 칸
열한 명의 젊은이가 스물여섯 어른의 시선을 끌고 간다
약속이라도 한 듯 앞뒤에서 고개 꺾고 톡톡 톡
시선을 끄는 젊은이들의 분주한 손가락들
애 어른 할 것 없이
스마트폰에 잡혀 질질 끌려다닌다

잡을 수 없는 세월

인간은 시간을 재가며 살고 있지만
세월은 가는 것도 아니고 오는 것도 아니다
해가 바뀌면 한 살을 더 먹는다 말하지만
그건 인간의 잣대일 뿐 덧없는 세월도 아니다
우리는 예측할 수 없는 삶을 살고 있기 때문에
덧없는 세월이라고 말하는 것일 뿐이다
어린 사람들은 한 살을 더하고 싶어 하지만
나이든 사람은 한 살이라도 줄이고 싶어 한다
되돌릴 수 없는 세월에 시간 낭비하지 말고
순간순간 후회 없이 잘 살아 내야 할 것이다
감사할 줄 모르는 인간의 끝없는 탐욕은
아무리 많이 가졌다 해도 만족할 줄 모른다
행복은 마음가짐에 따라 각자 다를 수 있으나
많이 가졌대서 결코 행복하리라 말 할 순 없다
가난은 미덕이 아니나 탐욕을 멀리하기 위해
맑은 가난을 내세우며 청빈을 강조하려 든다
많이 가졌든 적게 가졌든 덕을 닦으면서 살아야
잘사는 것일 테고 가능한 베풀며 살아야 할 것이다

돈은 혼자 오지 않고 어두운 그림자를 데려온다니
재산은 임시로 맡은 것이며 고루 나눠 가져야 겠다
또 내 것이 아니므로 우리 모두 부자가 되기보다는
고루 잘 사는 사람들로 행복할 수 있어야 할 것이다.

거짓 개방

먹구름 덮인 금강산 자락
상주도 조문객도 허리 바싹 구부린 채
돌부리에 채이며 머리 조아리고
앞사람 뒤 굽 밟으며 구룡폭포로 향한다
98년 공사 중 이란 구실로 상봉 막던 구룡폭포
10년 세월이 흘렀건만 전혀 다를 바 없는 곳으로
낙석주의라는 엉성한 팻말 하나가 서 있을 뿐이다
보초 둘을 세워놓고 '폭우로 위험함 진입금지' 라는
감언이설로 이산가족 상봉 막는 속 검은 행위가 가소롭다
생명을 담보로 조건 삼던 상봉이란 두 글자가 무색한
그리움 토해내던 가슴 찢는 통곡소리로 얼룩진 곳
비바람에 쓸려 흩어지는 실향민의 피맺힌 절규

5부

보이지 않는 구속

종강여행

21일 수업을 끝으로 종강이다
늦은 점심으로 허기 채운 문학기행
문우님들 승용차에 분승해 네비 창에 주소 찍고
예정된 섬 영흥도를 향해 연이어 출발한다
앞서거니 뒤서거니 서로를 챙기던 중
신호에 걸려 앞서가던 일행 차를 놓치고 만다
월곶 역을 지나면서부터 전화로 확인을 거듭하며
시내를 벗어나 김포를 거쳐 외곽도로를 달린다
어둠이 깔린 뒤 목적지에 가깝다는 오이도를 지나
멋진 조형물이 돋보이는 바닷가 작은 마을로 들어섰다
주섬주섬 찬거리를 사는 동안 난방작동이 멈춘 차안에서
오들오들 떨다가 섬 아닌 섬 영흥도엘 도착했다
바다가 보이는 산등성이에 자리한 멋진 펜션이지만
수술한지 5일 된 몸으로 고드름 굽던 고행의 밤이다
아래 윗 층 모두 점령한 동아리의 어수선한 저녁준비
각자 챙겨온 음식에 장보기로 보탠 주방은 넘쳐나지만
급격히 떨어진 기온으로 얼어 터진 보일러 수도마저 꽁꽁
늦은 밤 마트로 달려가 공급한 식수로 녹여보지만 모두 허사
다

몇 병 안 되는 식수로 끓인 떡라면과 누룽지탕으로
잔치 상보다 더 푸짐한 근사한 상차림이 준비되었다
교수님이 내 건 10만원 쟁취로 시끌벅적한 윷놀이가
마냥 즐거웠든 문우님들의 별난 문학기행이었다

명절맞이

가을걷이 햇곡으로 풍성하게 올려야 할 차례에
고고행진 물가와 맞 물린 명절로 마음 졸인다
연이은 늦장마로 작물이 물에 잠긴 뒤라서
재래시장에 발 담근 몸 따로 마음 따로 맥 빠진 모습이다
태풍 낙과로 설익은 햇과일 숫자 줄여 사들고
먼 산 바라보듯 초점 잃은 눈길도 종종 보인다
온가족이 도란도란 정성으로 마련한 조촐한 상차림
그 어느 부자도 부럽지 않은 만남의 즐겁다
앙증맞은 꼬맹이들이 빚은 달과 토끼송편도 한 몫 한다
각각 다른 모양으로 별별스럽게 빚은
우스꽝스런 송편 앞에 놓고 만족한 웃음꽃 피어난다
고모 따라 풋밤껍질 벗긴다며 다가앉는 조카들
서툰 솜씨로 알밤 깨물며 뗣은 속껍질로 투투거린다
눈살 찌푸리고 엄살떠는 표정까지도 귀엽기만한
풋내기 재롱에 가슴 벅찬 한가위다

천의 얼굴

- 순천만에서

거센 바람으로 서걱대는 드넓은 늪지
서로를 품어 안고 다독이는 갈대 밭길
어지럽게 오가는 숱한 발길에 놀란 짱뚱어들
혀 날름대며 뻘 밖을 어성거리는 황새에게 또 놀라고
손톱만한 새끼 게도 겁먹고 뻥 뚫린 구멍 속으로 숨어든다
가쁜 숨 몰아쉬던 뻘이 밀물과 함께 찾아든 어선생들을
넓은 가슴 열어주며 숙연한 사랑으로 품어 앉았다
만나는 이들의 넘쳐나는 칭찬일색의 훈훈함으로
드넓은 습지를 보듬어 안고 있던 운무가 마음을 연다
물때를 기다리며 외롭게 갯벌에 멈춰 섰던 나룻배가
몰려든 관람객 채우느라 좌우로 기우뚱거리며 요동친다
서걱대는 갈대숲 길 오가는 발걸음 소란스러워지면
겁쟁이 새끼 참게들 뻘 속으로 숨느라 어수선하다
거품 몰고 달려오는 밀물 속에 동참한 어족 사이로
빗물에 잠긴 목 부러진 갈대가 반기며 절을 한다
썰물에 밀려가고 밀물에 밀려오는 그들과 다른 별종인
날렵한 짱뚱어떼가 귀를 쫑긋 세우고 주변을 살핀다

보이지 않는 구속

목적지도 모르는 채 홀로
드넓은 바다 위를 항해 중이다
나침반도 돛대도 없는 뱃머리에서
몸을 가눌 수조차 없는 바람과 마주섰다
자유를 속박당한 채 처박혀 가슴앓이한다
대책 없이 보내야 하는 하루가 길기만하다
점포는 침묵 속에 쓸쓸한 세월을 까먹고
스트레스성 고혈압 수치는 200을 넘나든다
내 머리가 감당해야 할 스트레스는 태풍 같아서
송두리 채 휘둘리며 하루 이틀 고통을 호소한다
난, 오늘의 고통 말끔히 털고 답답한 병실 벗어나
판박이 가운 팽개치고 새처럼 훨훨 날아보고 싶다

어린 배달부

어제도 그제도
하나밖에 없다는 지구상에
쏟아 붇는 엄청난 물을
난 주체 할 수가 없다
반가움 전해 준다는 애송이 녀석
물벼락에 오들오들 소나무 밑에 웅크려있다.
어둠이 깔린 이 저녁에
교수님이 띄웠다던 그 편지 물고
이 마을 저 마을 찾아 헤매다 지쳐
추적추적한 풀밭에 내린 건 아닐까

돋보기 끼고 골라 낸 속빈 잡곡
종이컵에 담아 조심조심 다가가지만
겁먹은 녀석 날지도 못하고 옆걸음질이다
아직 그에게 내 마음이 닿지 못한 건 아닐까

중앙선

용산에서 용문을 향해 달리는 먹성 좋은 철인
네모난 큰 입으로 덥석덥석 먹고 뱉고를 반복하며
땀으로 찌든 냄새 원 없이 취하면서 신나게 달린다
목적지를 향해 묵묵히 달리다가도 간간이 입을 열고
새로운 먹이 감 낚아채 배가 터지도록 먹고 내 뱉는다
게걸스럽게 먹어대며 무서운 속도로 내 닫던 그가
용문에서 잠깐 휴식을 취한 뒤 오던 길로 돌아섰다.
얼마나 허기졌으면 욕심껏 먹고도 큰 입을 또 벌릴까
거침없이 먹어대고 뱉어 내기를 반복하는 거인이다
오랜 세월 굶주린 듯 수시로 먹고 뱉기를 일삼는 걸인
낚아챈 먹잇감 소화가 되기도 전에 또 다른 맛을 취하곤
아무 일 없었던 듯 시치미 떼고 오직 먹고 뱉기 일삼으며
경쟁자 없는 그곳을 향해 쉬지 않고 달리고 또 달린다

냉전의 땅

두 번째 겪는 어설픈 관광길
삼일포에서 온정각까지 이어진 도로변
살벌해 보이던 녹슨 철망 걷어낸 끝자락
허름한 시멘트 건물이 들어섰고 그 입구엔
엉성한 철문 두 짝이 비스듬히 열려있다
공사 중인 듯 흙먼지를 일으키는 트럭 한 대가
매캐한 가스를 내뿜으며 간간히 들고 날 뿐
그 건물을 중심으로 해서 관광도로 출입구까지
파란 펜스로 말끔히 단장한 주변엔 보초가 삼엄하다
감시 받으며 관광하는 우리 말고는 한적한 곳으로
철조망을 가로지르며 넘나들 수 있는 건
공중을 자유로이 나는 새와
땅 속을 헤집고 다니는 두더지뿐일 것이라는
생각이 들어 가슴이 아프다

고난의 아스팔트

작은 바퀴 큰 바퀴 앞 다투며
밟혀 울퉁불퉁 내려앉은 그
죽은 척 눈 질끈 감고 찢어지는 고통 참아내지만
끊임없이 달려드는 육중한 레미콘으로
드릴로 뚫고 난도질하며 오물세례를 받더이다
살을 에는 칼바람에 움츠린 몸 다칠세라
하늘이 사랑으로 내린 포근한 선물
덮었던 그 이불마저 염화칼슘으로 녹여버리더이다
봄여름 가을 겨울 사계절을 침묵으로 견뎌왔건만
마구 뿌려대는 회색가루 타이어 녹여내고
아스콘 길 깎아먹는 독성은 생명도 녹일 것 같소
굴삭기 들이대면 얼마나 무섭고 또 얼마나 아픈지
혹여 다음 생애에 만나거든 아는 체도 하지 마오

예외가 없는 일반도로 고속도로
아스콘길에 들쭉날쭉 거친 톱날이
하루에도 여러 번 교통사고를 부른다

한파

밖이 내다보이는 3층 탁구장
소리 없이 내리며 주차장을 덮어 가던 눈발이
사나운 강풍을 만나자 눈보라로 돌변한다
창밖을 가로질러 달리는 중앙선 전철소음보다
더 요란스럽게 창을 두들기며 오가는 눈보라
발이 푹푹 빠질 만큼 눈이 쌓여간 역 앞 경사로
빈번한 발길이 오가는 백화점과 전철 역 사이
길이 스케이트장보다 더 반들거리는 빙판으로 변했다
돌잡이가 걸음마 배우듯 조심스레 걸어봤지만
역 앞 빙판길은 사나운 기세로 내 발목을 잡아챘다
덕분에 원치 않던 땅 서너 뼘 찜해놓고 누가 볼세라
엉덩이 어루만지며 도망치듯 서둘러 택시에 올랐다

55년만의 폭설은 승용차를 뒤엎고 전철을 세우고
행인도 머리를 움츠린 어깨 속으로 구겨넣는다

귀때기 떨어질라

지구 안팎을 속속 뒤지다가 흥미를 잃었는지
27년간 외지로만 떠돌던 삶 접고 돌아왔다
맹렬한 기세로 국경을 넘나들던 그
한파라는 이름으로 불쑥 나타난 탕아로
영하 25.8도란 수치를 기록하며 철원을 강타한다
북극지방을 돌아치다 온난화 현상 기상이변에
녹아내린 빙산에 놀랐을까 염증을 느낀 때문일까
이 엄동설한에 대형수도관 터트려 빙판 만들고
보일러 동파시켜 힘없는 노인 동태 만든 못된 녀석
조용한 반도를 거침없이 짓밟은 네 죄를 너는 알렸다
지은대로 간다는 죄의 대가를 어찌 감당할꼬

인생은 경주다

나이 들어갈수록 몸은 뒤쳐지는데
숫자상으로 느끼는 세월은 달리기 선수이다
50대엔 50k로 달리고 60대엔 60k로 달린다고 하니
세상살이와 전혀 걸맞지 않는 요즘말로 요지경이다
나 역시 옆도 뒤도 안보고 앞만 보고 달려온 것이
얼마나 어리석은 삶이었는지를 뒤늦게야 깨달았다
50대 어느 후배가 목청껏 말하기를 80k로 달려왔노라 하니
젊은 나이에 그리 말하는 참뜻을 헤아릴 순 없었지만
아마도 몹시 병약했던 그만의 계산법이었을 것이라 짐작한다
지병으로 고통 중이던 그녀와 고려대 평생교육원 문우로 만나
동아리란 이름으로 묶여 끈끈한 정 나누는 오늘에 이르렀다
그가 공기 좋고 물 맑은 호수공원 가까이로 이사해서
생기 찾고 활짝 밝은 웃음 전해주니 감사한 마음이다
이젠 건강 챙기면서 뒤돌아 볼 수 있는 여유로움 가지고
만학의 꿈을 누리면서 나이에 걸맞게 달려보고 싶다

양과 음

자양분 마시고 삼복더위 볕을 쬐며
야물게 여문 그가 농한기 겨울나기 주인공이요
지난겨울 모진 눈보라 속에 자란 보리처녀는
머리 벗기던 삼복더위 이겨낼 자양분이었네
돌고 도는 물레방아인생
여름엔 꽝꽝 얼어붙은 겨울을 찌어먹고
겨울엔 흐느적거리는 여름을 갉아 먹더라

남녀가 다르고 앞뒤가 있으며 위아래가 분명하다
암술 수술로 나뉜 꽃을 보더라도 분명한 양과 음이다
마이너스와 플러스 남극과 북극 동서남북
세상 모든 이치를 살펴보자면 분명 상대가 있지
확실한 맞수가 존재하는 세상이 우리의 삶인 것을,

밥주걱

놀부전에나 등장했던 무뚝뚝한 그 사내
넙죽한 그가 별별스런 것들에게 자리를 빼앗겼다
수없이 밀리기를 거듭하다가 국정을 쥐락펴락 하던
누군가처럼 볼 품 없는 뒷방 늙은이 닮은꼴로 전락했다
단장을 일삼던 말끔한 새신랑 같은 그에 비한다면
꾸밈없고 변함없이 한결같은 솔 향을 뿜어내던 그다
오랜 세월이 흘렀어도 못 잊어 추억으로만 남아진
언제나 정겹던 밥풀떼기 그가 그리움으로 다가온다

이래야 멋진 남편이라지

아내의 명령에는 가타부타 이의를 대지 않고
군말 없이 복종하는 충성심 강한 돌쇠처럼 일한다
돈 벌 때는 몸이 쑤시고 허리가 바숴지거나 말거나
비바람 몰아쳐도 개미처럼 부지런한 마당쇠로 임한다
아내의 단점은 시댁이나 처가댁 친구들이나 애들 앞에서
절대로 말하지 않는 철통같은 자물쇠처럼 입 다물고 살 것

아내의 마음이 우울하거나 꽈~악 닫혀 있을 땐
언제나 활짝 열어주는 만능열쇠로 살아야하며
모진 풍파에도 딴 길로 새거나 흔들리지 않고
굳세게 가정을 지키는 강인한 무쇠 같은 사내로 살며
설령 아내가 화를 내고 짜증을 부려도 헤헤헤~싱글벙글~
아내와 대화 할 때는 부드럽고 달콤한 고로쇠 수액처럼
반창 회 동창회 송년회로 친구들과 밖에서 자주 어울릴 땐
기분 내서 나서지 않고 돈일랑 한 푼도 안 쓰는 구두쇠로
아내가 울적할 땐 달콤한 노래로 달래주는 살가운 사내로

힘들고 피곤해도 아낌없는 최상의 서비스를 해주는
변강쇠로 살아가며 아내의 과거를 뒤늦게 알았다 하더라도

이제와 어쩌겠수 하며 지퍼를 굳게 잠그는 모르쇠로 살게나
장모님 말씀처럼 둥글둥글! 굴렁쇠로 그렇게 말이네..,

유비무환

마술에 걸린 사람들처럼
안팎이 촛불 시위로 술렁인다

빈번한 파업으로 도로가 마비되고
청소년까지 가담하는 시위로 떠들썩하다
광우병이란 놈 때문에 쇠고기 파동까지 겹치니
까짓 거 쇠고기 안 먹으면 되지 시끄러워 못 살겠다
하늘 높은 줄 모르고 치솟는 고 유가로 경제마저
바닥을 친다는 극한 상황 속에 똘똘 뭉치지 않고서야
호시탐탐 독도를 노리는 도적의 광기를 어찌 막으랴
함부로 총질해대는 이웃도 무섭고 가정폭력도 무섭다
위기에 처할 때 마다 불사조처럼 일어나는 국민으로
장롱 깊숙이 간직했던 금 모아 IMF 몰아내지 않았던가
한우로 건강 다지고 뚝심 길러 독도 지키고
그들이 넘볼 수 없게 국력 길러 총부리 막아내고
힘센 황소 등에 올라 백두산에 태극기 꽂으러 가자고
북녘에 쩌렁쩌렁 울려 퍼지도록 목청껏 외쳐보고 싶다

각박한 세상살이

원치 않는 병실에 처박혀 속 태우는 내 가슴이
거북이등처럼 갈라진 논바닥과 별반 다를 게 없다
새로 묶어야 할 시집은 인터넷을 열라고 아우성인데
동전 한 입 먹어야 TV 켤 수 있는 병원이 있는가하면
동전 한 입에 10분 간 인터넷을 열어주는 병원도 있다
의술을 펴기 전 앞서가는 상술의 삭막함에 가슴 아프고
출판 앞둔 늦깎이의 애타는 속이 서러움으로 승화 한다
10시면 소등하는 병실에선 키 누르는 소리마저 소음이고
휴게실 찾아가면 잡담과 폴폴 퍼져오는 담배냄새로 역겹다
수강전날이면 잠 못 들고 뒤척이는 밤이라서 괴롭고
당일엔 똥마려운 강아지처럼 엉거주춤 안절부절이다
만학의 즐거움 앗아가려는 삭막한 주변 환경이 야속하고
족쇄도 없이 자유를 구속하려드는 병실이 한없이 밉다
운영난 탓인 듯 저무는 황혼 길의 낙을 송두리째 뽑으려
환자를 돈으로 환산하려드는 그들의 처세가 정말로 싫다
하기야 그들은 병원 찾는 환자를 얼마짜리라고도 평을 한다지,

분재

쌀쌀한 냉기가 채 가시기도 전
매화 만나러 다시 찾은 석창원이 변했다
훈훈한 온기를 유지하는 하우스 안이지만
전에 없던 혹독한 추위에 동백이 피멍으로 진다
납작한 옹기에 담긴 앙증스런 매화분재가 숙면 중이다
흙바닥에 심은 산당화가 야무진 봉우리 살짝 열고
잦은 발길 드나드는 문 앞에서 방끗 눈인사 한다
분홍색으로 단장한 철쭉이 수줍은 듯 얇은 깃 접고
동백그늘에 살며시 숨어들어 숨바꼭질 하잔다
대형옹기 속 수련들이 앞 다투어 피어나
물속에 드리운 그림자로 눈길을 유혹 한다
돌아서는 발길을 수선화가 막아선다

오늘은 만조

지난 토요일은 썰물이었다
대어 잔챙이 모두 썰물에 쓸려나가고
그들 모두 밀물 때인 오늘 풍어로 몰려왔다
밤새 쏟아진 빗물이 넘치면서 주변 뜰 삼키고
시멘트벽 틈새로 뿌리 내린 민들레를 먹어치운다
범람한 물은 화단에 자란 잡초를 깡그리 뭉개고
먹성 좋은 썰물이 게걸스럽게 주변을 먹어치운다
2층에서 내려 보는 창밖에 낚시 드리우면 혹시
김 태공도 대어 한 마리쯤 건져 올릴 수 있을까

파수꾼

짭짜름한 습도 강한 불볕 피해
바다 건너 육지로 정처 없이 끌려왔다
질질 끌려 발길 머문 곳 땅끝마을
원자력 연구소 앞 도로 지킴이로 선택 되었다
동지선달 설한풍에 밤잠 설치는 외로운 몸 되어
길손 드문 외곽도로 지키며 추억을 더듬는다
그리운 고향 가슴에 묻고 떠나 온 남국의 정취
환상의 쪽빛바다 그리다가 깜빡 쪽잠에 빠진다

그는 오늘도 작달막한 키에 부채 손 펴들고
날선 칼바람 맞으며 고달픈 삶을 꾸리며
멋모르고 가출한 대가 호되게 치루고 있다

잡식성

밀려들어 남아도는 먹잇감들
작던 크던 가리지 않고 걸신들린 듯
게걸스럽게 먹어치우던 잡식성
그가 요즘 물을 만난 듯 분주하다
민족 대 이동으로 출렁이는 전 국토
고유명절에 앞서 몸살로 아우성이다
차근차근 병목을 빠져나가 보지만
침체성 소화불량에 걸려 몸부림친다
목적지까진 아직 멀기만 한데
식탐으로 차고 넘친 잡식성 그가
김밥 터지듯 삐거덕 옆구리로 튕겨져
요란스레 달려온 구급차에 질질 끌려간다

옛말

품앗이로 모내기 하는 건 이제 옛말이다
철컥철컥 이양기가 논바닥 고루 찍고 가면
주인은 빈 모판 내리고 새 모판 올려주기 바쁘다
들밥 나누며 막걸리로 허기 달래던 일은 옛말이요
논매기는 사라지고 피살이도 옛말에 불과하다
폭염과 태풍에 알몸으로 맞서며 여물었다
누렇게 고개 숙인 금빛들판 벼이삭 틈새로 껑충
키 재기 하듯 고개 내밀고 주변 살피는 불청객들
그들은 일손이 턱없이 부족했던 농촌을 대변한다
벼 베기는 덜덜거리는 콤바인 혼자서 해결하고
낱알을 척척 가마니에 담아내니 바쁘다는 건 옛말이다
볏짚을 깔끔하게 말아 비닐 포장하는 곤포사일리지
겨우내 소 사료로 저장까지 해주니 바심도 옛 말이다

돌 고르고 풀씨 고르기는 방앗간이 대신하고
끼니마다 조리질 할 일 없는 아낙 일손 덜고
그가 밥상에 오르기까지 거칠 게 없는 세상이다
동네잔치란 바심이 옛말이 되어버린 가을걷이

벌과 벌초

중추절 앞두고 자주 일어나는 사건사고들
벌초 때 일어나는 사건이 무려 60만 건을 넘었다고 한다
한번뿐인 연례행사라 주변상황을 전혀 알 수 없는 것이 문제
서툰 솜씨로 예초기를 다루다 사고를 당하기도 하고
도처에 숨어사는 벌집을 건드려 공격을 받기도 한다
지지난해엔 남양주 시민이 벌초 중에 땅벌에게 공격받아
산자락에 쓰러진 채 응급처치도 받지 못하고 사망했다
대개 벌의 독 때문이라 알고 있지만 그보다 더 위험한 상황은
강렬한 햇볕에 오랜 시간 노출돼 일어나는 탈수현상과 일사병이란다
이맘때면 벌떼 공격이나 받지 않을까 가족들 모두 좌불안석
벌초를 서두르기보다 미리 답사해 벌집부터 퇴치해야 하겠지

벌은 수년 째 조상 묘를 돌보지 않은 벌 받을 후손은 모른다
벌초를 하려면 초장에 벌벌 떨지 말고 땅벌부터 벌伐하자

김태연 시집

마음의 등대

초판인쇄일 2013년 12월 11일
초판발행일 2013년 12월 13일

지은이 : 김태연
발행인 : 김순진
편집장 : 전하라
디자인 : 김초롱
펴낸곳 : 문학공원
등 록 : 2004년 3월 9일 제6-706호
주 소 : (우편번호 130-814)서울 동대문구 난계로 26길 17호
삼우빌딩 C동 302호 스토리문학사
전 화 : 02-2234-1666
팩 스 : 02-2236-1666
홈페이지 : http://cafedaumnet/yob51
이메일 : 4615562@hanmailnet